JN059048

子どもアドボカシーと当事者参画のモヤモヤとこれから

子どもの「声」を
大切にする社会ってどんなこと？

栄留里美／長瀬正子／永野咲［著］

明石書店

はじめに

　2018年から2019年にかけて、2つの虐待死事件がメディアで大きく取り上げられました。

　2018年3月の船戸結愛さん、2019年1月の栗原心愛さんの事件です。密室な空間での父親からの過酷な暴力の末、二人は命を落としています。亡くなってしまう子どものおかれた状況には、私たち社会の課題が濃縮してあらわれます。筆者たちの本書を書き上げる動機には、「こうした状況を変えていきたい」という強い思いがあります。この事件の共通点は複数ありますが、なかでも「声」という視点から浮かび上がる、私たちの社会の課題とはどんなことでしょうか。

　本書がテーマとする子どもの「声」。最初に、この鍵となる「声」という言葉をどう筆者たちがとらえているかをお伝えしたいと思います。

　一般に「声」というと、体の機能により表出される音をイメージすることが多いと思います。「声」という漢字が、もともと楽器を出す音という成り立ちからきていることとも重なります[1]。声を出す、発声する、歌声を聞く、歓声をあげる…といった言葉に表されます。

　一方、「声」という言葉は、そうした音声のみを意味する言葉にと

1　伊東信夫（2018）『白川静文字学に学ぶ　漢字なりたちブック　2年生（改訂版）』太郎次郎社エディタス、105頁

どまらない側面があります。たとえば、自分自身の内側から湧きおこる気持ちや思いを「内なる声」といったりします。あるいは、人々の意見や考えについても「声」といったりします。たとえば、本書の著者の一人である長瀬が多くを学んできた大阪の社会的養護の当事者グループは、Children's Views and Voices（CVV）といって、「子どもの声と視点を大切に」という思いがこめられています。ここでのVoice、「声」というのは、当事者の子どもや若者の思いや考えを意味しています。

　そして、「声」という漢字は、「聲」という旧漢字が起源にあります。「耳」という漢字が含まれていることを興味深く思われる方もいらっしゃるでしょう。「声」を発すること、それを受けとめる「きく」ということは、対になったものかもしれません。古来より漢字にこめられた意味は、私たちに多くの示唆を与えてくれます。「声」は、人と人とをつなげていきます。私たちは、そのような人の内側から湧きおこり、人に対して働きかけるありようを「声」と考えています。私たちは、子どもの、そして当事者の「声」をどう引き出し、どう聴き、社会のなかで取り入れるとともに、響かせていくことができるのかを考えています。

　「声」を弱らせ、奪うものに暴力があります。前述の二つの事件では、二人の最も近くにいて「助けることができるはずだった」母親の存在に注目が集まりました。母親に向けて「なぜ助けなかったのか、なぜ子どものために（周囲へ）助けを求めなかったのか」という強い批判が寄せられました。両者の事件の背景には共通してDVという暴力がありました。そのことが二人の母親たちの「声」を奪い、助けを求める力を失わせたと、私たちは考えています。繰り返し続く支配や暴力は、人の力を奪います。暴力に遭っている人の「声」は、その内側に深く沈みこんでしまうのです。

　この二つの事件にもう一つ共通していたこと。それは、子ども自身による「声」の発信があったことでした。通常、亡くなってしまう子どもたちの「声」を私たちは聞くことができません。結愛さんは手紙を書き残し、心愛さんは学校のアンケートに「助けてほしい」という自身の思いを書き込んでいました。繰り返しになりますが、暴力にさらされている人は、基本的に「声」を出せない状況に陥ることのほうが多いのです。にもかかわらず、心愛さんは、外に向けて「声」を発したのです。

　しかし、そのしぼりだされた「声」を、心愛さんの学校・教育委員会は、真摯に受け止めることができませんでした。これを、心愛さんの問題にのみに帰することはできません。私たちは、これまで虐待から保護され、社会的養護を必要とした子どもや若者から「声」が受け止められなかった経験をたくさん聞いてきました。ある意味でこの事件は、子どもが亡くなったからこそ注目されたともいえるのです。これらのことは、過去に何度も繰り返されたことであり、そして、現在も、続いている問題だといえるでしょう。

　このような状況は、終わりにしなくてはいけない。

　そう感じた人たちは少なくないはずです。社会福祉分野における制度改革も急ピッチですすめられています。

　とはいえ、事件というのは一時的には騒がれますが、その後忘れ去られていきます。私たちは、このような事件を一過性のムーブメントに終わらせるのではなく、息の長い持続的なチャレンジへと変換していく必要があると考えています。特に、2020年以降のコロナ下では、外出が制限され家族だけで過ごす時間が長くなりました。経済的な困窮状態でのストレスは、子どもへの暴力の発露となってしまうことは少なくありません。長期にわたる閉塞感がもたらすストレスで、多くの子どもたちは我慢を重ねてきたことでしょう。今こそ、子どもの

「声」に耳を傾ける必要があるのです。

　では、現在の日本社会は、どのような状況にあるのでしょうか。子どもの権利をめぐっては、いくつかの大きな変化が起きています。それは、「子どもの権利」という考え方が、子どもの福祉にかかわる法律に盛り込まれるようになってきたという変化です。

　子どもの権利のグローバルスタンダードは、子どもの権利条約です。1989年に国連で採択され、1994年に日本で批准されています。批准以降、国連から子どもの権利に関する包括的な法律の制定が必要だと繰り返し勧告されながらも実現してきませんでした。

　私たちは、子ども時代に家庭や学校、そして社会から複数の権利侵害を受けてきたのではないでしょうか。1980年〜90年代に子ども時代を過ごした筆者の三人は、子ども時代の権利侵害を少なくとも5個以上はあげることができます。経験的にも身に染みて分かるように、子どもの権利は往々にして侵害されやすいものです。それほど、子どもとおとな・社会との間にはパワーの違いがあります。だからこそ、おとなは力の使い方を間違えないために子どもの権利を理解することが重要なのです。

　批准から20年以上経過して初めて変化がおとずれます。2016年6月に子どもの権利の理念を盛り込んだ改正児童福祉法が施行し、子どもの権利の理念が盛り込まれました。2020年4月には、子どもへの体罰禁止が明文化されました。この改正においては、結愛さん、心愛さんの事件を受けて、児童福祉法改正に伴う付帯決議において、「児童の意見表明権を保障する仕組みの構築その他の児童の権利の擁護の在り方について、施行後2年をめどに検討を加え必要な措置を講じる」と明記されました[2]。

　2　詳しくは第2章を参照。2020年度から実施される都道府県推進計画においては、「当事者である子どもの権利擁護の取組（意見聴取・アドボカシー）」が2番目の項目に入っ

　本書でご紹介する基盤となる考えに、子どもの権利があります。子どもの権利条約では、意見表明・参加の権利を保障すること、子どもの「声」への尊重は重要な価値の一つです。私たちは、子どもの「声」が反映される社会をつくりたい、と考え続けてきました。子どもの「声」を引き出すこと、支えること、社会において発信していくことが、「今」とこれからの未来をつくっていくプロセスに欠かせないと考えています。

　これまで子どもの「声」を聴くこと、その重要性は多くの書物において語られてきました。それでも、子どもの「声」はどのようなものなのか（序章・第1章）、その「声」を聴くとはどのようなことか（第1章・第2章・第3章）、「声」を聴いた先にあるもの、そこで起こり得ることや危険性、そして子どもの「声」が何を変えていくのか（第3章）などについて踏み込んで書かれたものは決して多くありません。

　本書のもう一つの特徴は、「社会的養護を必要とする」状態にある子どもの視座から考えていくというスタンスです。厚生労働省による社会的養護の定義を紹介してみましょう。

　　　社会的養護とは、保護者のない児童や、保護者に監護させることが適当でない児童を、公的責任で社会的に養育し、保護するとともに、養育に大きな困難を抱える家庭への支援を行うことです[3]。

　子どもの権利条約では、基本的に子どもと血のつながりのある親は

ており、各地の取り組みが求められる段階に入りました。子どもたちのために「声をあげる」こと、「エンパワーする」という2つの行動が求められています。アドボカシーという実践に対し、「この社会を変えたい」と考えるおとなの注目も集まっています。

3　厚生労働省ウェブサイトより　https://www.mhlw.go.jp/stf/seisakunitsuite/bunya/kodomo/kodomo_kosodate/syakaiteki_yougo/index.html（アクセス日：2020年4月15日）

引き離されず、家族の関係が維持できるよう国が支援することを明示しています（第5条・第9条・第18条）。そうしたなか、分離が必要だという国による介入がなされる事態が生じているのが、社会的養護で育つ子どもたちです。日本社会が、子どもの保護者を十分支援できなかった結果、子どもと保護者の分離が起きているのだとしたら…。子どもたちが社会的養護を必要とする背景には、社会のあり方が大きくかかわっているのです。

　それゆえに、私たちは、社会的養護を必要とする子どもを、日本社会で最も権利を奪われた状態にあるととらえています。暴力を受け、最も「声」を失わされた状態にある子どもであると考えています。社会的養護を必要とする背景には、ひとり親家庭や女性の貧困、精神疾患、外国籍、障害などの社会問題があり、保護者の子育てが十分に社会で支援されなかった帰結として生じています。子どもの状態像においても、被虐待のみならず、不登校や発達障害、その他の疾患を複数抱えている場合も少なくありません。社会的養護を必要とする子どもの支援とは、こうした複合的な課題を課せられ、脆弱な状態にさせられてしまった子どもをいかに支えるかという非常に難しいチャレンジを意味します。そのチャレンジのなかには、他の子どもの問題をも紐解いていく視点やエッセンスが豊富に含まれていると考えます。

　私たちの現実で起きていることと、目指される社会をつくっていくということ。子どもの最善の利益を目指す際に、子どもの意見表明・参加の権利の尊重は欠かせません。私たちは、子どもの「声」を聴くことの実際とその先にあるもの、そこで生じる動きのある実情を、社会的養護の当事者が「声」をあげることを手がかりとしながら考えていきたいと思います。このことで、子どもの「声」について、よりイメージを共有しながら、考えられるのではないかと考えたからです。

　本書の著者である私たち三人は、次のような人たちです。

◉**長瀬 正子**（序章・第1章）

　私は、2003年から2011年まで大阪にある社会的養護の当事者グループCVV（Children's Views and Voices）の運営を担ってきました。現在は、本書の著者でもある永野さんも一緒にIFCA（NPO法人インターナショナル・フォスターケア・アライアンス）の活動にかかわっています。私は、自分が最もつらかった時に子どもの権利条約を知りました。後に、権利条約は、当時の自分に光を見せてくれたものの一つだと振り返ります。残念ながら、子どもの権利の視点は、いまだ日本国内においてスタンダードにはなり得ていません。そのしわ寄せが、社会的養護で育つ子どもの人生に集中的にあらわれていると感じています。序章と第1章では、最も「声」を出しにくい状況におかれた人たちから、子どもの「声」を支えることを考えていきたいです。

◉**栄留 里美**（第2章）

　私は、子ども側に立って意見表明の支援を行う「アドボケイト」の実践や研究を主に行ってきました。研究のきっかけは児童虐待対応の仕事をしていた時のことです。当時子どもの意見を聴くという発想はあまりなく、支援者の客観的な判断のみで支援方針が決まっていました。どうしたら子ども参加を促進できるかを考えあぐねた時に、イギリスのアドボケイト制度と出会いました。児童相談所とは異なる立場で、子どもの側だけに立って子どもの意見表明をサポートしていました。私は現地で学び、日本でも実践や養成を開始しました。なぜアドボケイトなるものが必要なのか、実際何をするのか、どんなジレンマや課題があるのか、第2章で書いてみたいと思います。

◉ 永野 咲（第3章）

　私は、2006年に社会的養護の当事者団体を友人とともに立ち上げ、当事者参画を考えてきました。その当時は友人たちと手探りで、また無我夢中で走っていたと思います。しかし、今振り返ると、あの時、もう少しサポートがあれば、また「声」を発することの持つ動き、当事者と非当事者の立場の違いなどについて知っていれば、当時の仲間たちを傷つけずに済んだかもしれないという、後悔があります。そのため、アメリカなどの取り組みを参考に、安全にそして効果的に当事者の「声」が反映されるシステムやサポート、制度のあり方についてもっと考えていきたいと思っています。詳しくは第3章で、お会いしましょう。

　本書は、子どもの「声」*4が引き出され、子どもの「声」が大切にされる社会をつくりたいと願う著者の三人が、現在の日本の実情にふれながら未来を構想し、ともにそのプロセスをつくっていくために、どのようなことを考えていけばよいのか、というアイディアを詰め込んだものです。すっきりとした答えを手に入れるというよりは、モヤモヤとした新たな悩みが生まれたりするかもしれません。それでも、本書を読みながら、一人ひとりの読者のみなさんが、「自分に何ができるだろう」と考えてくださったら、これほどうれしいことはありません。そして、それぞれの生きる場で活かす学びを得られたとしたら、著者一同大変うれしく思います。

長瀬 正子

4　なお、本書では、基本的に音声のみをあらわす声は声とし、音声以外のものを含んだ子どもの表現を「声」と表記しています。

長瀬 正子

序 章
子どもの「声」の回復と支援者の立ち位置

　ここでは、それぞれの章をつらぬくコンセプトを説明していきたいと思います。

1. 「声」と子どもの権利条約

　まず、「声」と子どもの権利の関係について述べていきます。「声」は、子どもの権利においても、重要な価値と考えられているものの一つです。

　子どもの権利条約では、子どもの権利は、生きる（生存）・育つ（発達）・まもられる（保護）・参加するという四つに大別され表現されています。そのうち、「声」にかかわる条文に、第12条の意見表明・参加の権利[*1]があります。

---

1 権利条約の条文には見出しはついていないため、本章のように第12条を意見表明・参加の権利と記す場合以外にも、その解釈によって意見表明権、聴かれる権利等さまざまにあります。本書での表記は、それぞれの著者によります。

第12条

1　締約国は、自己の意見を形成する能力のある児童がその児童に影響を及ぼすすべての事項について自由に自己の意見を表明する権利を確保する。この場合において、児童の意見は、その児童の年齢及び成熟度に従って相応に考慮されるものとする。

2　このため、児童は、特に、自己に影響を及ぼすあらゆる司法上及び行政上の手続において、国内法の手続規則に合致する方法により直接に又は代理人若しくは適当な団体を通じて聴取される機会を与えられる。

　第12条は、子どもが自分にかかわることについて意思・意向や意見を自由に表明することができること、おとなはそれらを聴き、年齢や成熟にしたがって考慮することを示しています。第12条は、子どもを単に保護され、まもられるのみの存在ではなく、力のある存在、「声」を発することのできる存在に位置づけています。そして、ここで示される「意見」とは、言葉による表現のみを指しません。もともとの「声」の語源とも重なりますが、言葉による発信のみでなく、泣くこと、絵を描くこと、踊ること等、おとなや環境に働きかける表現すべてを意味しています[2]。また、第12条は、権利条約の一条文であ

2　Hart. A Roger（1997）"Children's Participation", UNICEF（＝ロジャー・ハート著、木下勇・田中治彦・南博文監修、IPA（子どもの遊ぶ権利のための国際協会）日本支部訳（2000）『子どもの参画──コミュニティづくりと身近な環境ケアへの参画のための理論と実際』萌文社）では、子どもの参画のためのさまざまな方法や手段に描画やコラージュ、地図づくり・模型づくりがあげられています。保育分野においても、子どもの表現する行動を子どもの意見表明として捉え、保育士がその「声」にどのように応答していけるかを重視しています（加藤繁美（2014）『記録を書く人 書けない人──楽しく書けて保育が変わるシナリオ型記録』ひとなる書房、大豆生田啓友・おおえだけいこ（2019）『日本が誇る！ていねいな保育──0・1・2歳児クラスの現場から』小学館など）。子どもの商業的性的搾取に取り組むNGOにおいても、演劇や描画は子どもの「声」を表現する方法として位置づいていました。

図0-1　「声」のイメージ

るだけでなく、一般原則という特に重視される理念の一つに位置づい
ています（図0-1）。

　さらに、2009年に出された第12条の詳しい解説である一般的意見
では、第12条は「聴かれる権利（rights to be heard）」という解釈が示さ
れています。そこでは、「子どもとおとな相互の尊重にもとづく情報
共有と対話を含む、子どもとおとなの意見（views）がどのように考慮
されて結果を形作るのかを学ぶ、進行中のプロセス（ongoing process）」
と定義しています[3]。この定義からは、子どもの「声」の発信を支え
ていくために重要な要件が浮かび上がります。

3　This term has evolved and is now widely used to describe ongoing processes, which include
　information-sharing and dialogue between children and adults based on mutual respect, and in
　which children can learn how their views and those of adults are taken into account and shape
　the outcome of such processes.（GCI2,3）

表0-1 「子どもの権利条約」一般原則

---

1. 生命、生存及び発達に対する権利（命を守られ成長できること）
   すべての子どもの命が守られ、もって生まれた能力を十分に伸ばして成長できるよう、医療、教育、生活への支援などを受けることが保障されます。

2. 子どもの最善の利益（子どもにとって最もよいこと）
   子どもに関することが行われる時は、「その子どもにとって最もよいこと」を第一に考えます。

3. 子どもの意見の尊重（意見を表明し参加できること）
   子どもは自分に関係のある事柄について自由に意見を表すことができ、おとなはその意見を子どもの発達に応じて十分に考慮します。

4. 差別の禁止（差別のないこと）
   すべての子どもは、子ども自身や親の人種、性別、意見、障がい、経済状況などどんな理由でも差別されず、条約の定めるすべての権利が保障されます。

出典：日本ユニセフ協会ウェブサイト　https://www.unicef.or.jp/about_unicef/about_rig.html

　表0-1は、子どもの権利条約の四つの一般原則を示したものです。「声」にかかわる権利が、全体をつらぬく理念の一つであるということは何を意味するでしょうか。まず、他の権利を実現していく際にも欠かせない価値として踏まえる必要があるといえるでしょう。たとえば、同じく一般原則の子どもの最善の利益にのっとった対応をするには、子どもの「声」は欠かせません。おとなの専門性から「子どもにとって最も良いこと」を検討したとしても、実際の子どもがどう受け取めているかは分からないからです。
　何より、私は子どもを人として尊重するという価値基盤を提示していると考えています。おとなに依存し、ケアされる存在であるという子ども期の特徴を持ちつつも、「声」を発し、表現できる存在として

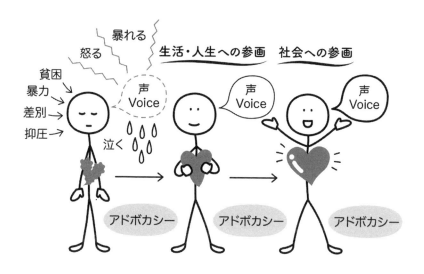

図0-2　子どもの「声」を取り戻す　意見表明・参加の権利保障のプロセス

子どもをとらえているのです。現在の日本は、あまりにも子どもの「声」が引き出されていません[4]。本書の立場としては、まずは子どもの「声」が引き出されるようなあり方を検討していきたいと思っています。

2. 子どもが「声」を取り戻すプロセス

　図0-2は、子どもが「声」を取り戻す、変化のプロセスを描いています。「声」を失い、言葉にならない「声」を抱えていた子どもが自分自身の「声」を取り戻し、人生を主体的に生きていくプロセスです。

4　残念ながら、日本は子どもの権利条約を批准して以降合計4回あった審査において、子どもの意見の尊重が十分になされていないことへの懸念が指摘されています。

そして、そのプロセスに、アドボカシーや当事者参画がどのようにかかわっているのかを示しています。失われた「声」を取り戻し、自身の人生のために、そして時に社会に発信していく存在になるということは、子ども自身が自分の人生を生きるコントロール権を取り戻すプロセスでもあります。ただ、私たちは必ずしも一番右の社会に発信していくこと（社会への参画）を目指してはいません。まずは、子ども自身が奪われてしまった自らの「声」を取り戻す、そのことに力点を置いて考えています。

　本書の構成は、子どもが「声」を取り戻していくプロセスと流れを同じにしています。左の「声」を失っている子どもの状態像を理解すること（第1章）から、子どもの内側に眠る、あるいは沈み込まされている子どもの「声」を引き出すとともに、子どもの「声」が発信されやすい社会をつくるアドボカシーという営み（第2章）、子どもの生活・人生への参画とともに社会に対しても「声」を発していく試み（第3章）となっています。

　そして、子どもという存在をどうとらえるか、その際、「社会的養護を必要とする」とはどのようなことか、支援者の立ち位置、私たちが目指す社会とはどのようなものか、精神科医で文化人類学者である宮地尚子さんが作られた〈環状島〉モデルをモチーフにして考えていきます[5]。

　筆者の永野と長瀬は、社会的養護の当事者とともに活動してきました。環状島を知ることで、「非当事者である自分たち」の整理がつかなかった出来事が言語化された、異なる視点を与えられたという経験があります。自分たちのうまくいかなかった、難しかったと感じた経

5　環状島については、宮地尚子（2007）『環状島＝トラウマの地政学』みすず書房、宮地尚子（2011）『震災トラウマと復興ストレス』岩波ブックレット、宮地尚子他（2021）『環状島へようこそ──トラウマのポリフォニー』日本評論社などがある。

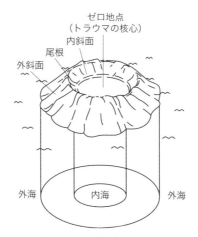

図0-3　環状島の構造

出典：宮地尚子（2011）『震災トラウマと復興ストレス』岩波ブックレット

験が、何によってもたらされていたのかを考えるきっかけになりました。現在も環状島は、研究者として、あるいは当事者とともに社会に発信していきたいと思う者として、歩みを止めずにいるためのサバイバルマップとなっています。環状島は、当事者と支援者、人間関係、その土台となる社会、そこで何が起きているのかを考えさせてくれます。それを事前に理解しておく、知識として知っていることは、私たちを助けてくれます。

　環状島は、真ん中に〈内海〉のある島の形をしています。島の中心には〈内海〉があります（図0-3）。島は、〈外海〉に囲まれていて、上から見るとドーナツ状の形をしています。〈内海〉がトラウマや被害を受け、沈黙のなかにある領域です。

　図0-4は、それを断面で表し、環状島をめぐる人間関係を描いたものです。

　私たちは、虐待を受けたり、トラウマ体験や逆境体験をすること、

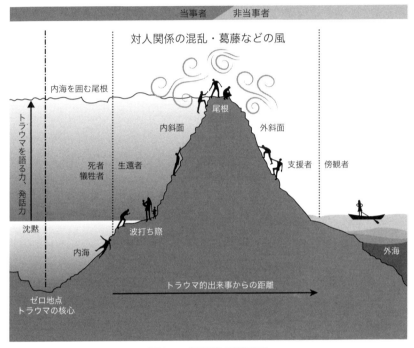

図0-4　環状島の断面図

出典：宮地尚子他（2021）『環状島へようこそ──トラウマのポリフォニー』日本評論社

すなわち、当事者に「なる」ことを〈内海〉に突然ほうりこまれるような経験ととらえています。〈内海〉に落とされれば、息が吸えなくなり、自分に何が起きているのかも分からず、生きることで精一杯の状態になります。〈内海〉に沈んだ状態は、虐待や暴力、逆境体験によって、命や「声」を奪われようとしている子ども・若者たちがいると想定することができます[6]。

6　社会的養護を必要とする子ども・若者が、すべてトラウマ的体験をしているわけではありませんが、さまざまな理由で家庭との分離を経験していることを踏まえると、逆境体験をしていると考えることができます。

社会的養護は…

ふかふかの草地のように　　　　　　とがった岩でできた冷たい
くつろげるものか　　　　　　　　　崖のようなものか

図0-5　〈内斜面〉＝社会的養護のイメージ

　〈内海〉を脱して〈波打ち際〉にくると、なんとか息ができる状態になります。一時保護されたり、身近なおとながその子どもを日常的に助けたり、支えたりしている状態をイメージしてもらうといいかもしれません。

　〈内斜面〉は、もう少し深く息ができるようなイメージです。安心して眠れることや三食の食事が提供され、かたく固まっていた体が少しずつほぐれていきます。同時に、子ども自身が自分の「声」を取り戻していきます。私たちは、保護され息ができ、生活を取り戻していく意味で、〈内斜面〉を社会的養護の営みとしてとらえています（図0-5）。

　この〈内斜面〉＝社会的養護がどのようなものであれば、子どもがより過ごしやすくなるか考えてみましょう。ふかふかの草地のようにやわらかくなだらかなものなのか、あるいは、岩がむき出しになった

荒れ果てた斜面なのか…。社会的養護の営みは、子どもの「声」を引き出し、〈内海〉から脱していくことを助けるものになっているでしょうか。その点について、詳しくは第1章で述べています。

　そして、〈内海〉や〈波打ち際〉、〈内斜面〉で、子どもの「声」をどのように聴くことができるでしょうか。現存の制度のみでは十分に「声」が聴かれる状態にないことから、アドボカシーが注目されています。第2章ではその点に着目していきます。

　さらに、〈内斜面〉を登り、環状島の〈尾根〉では、取り戻した「声」を発信し、社会を変えようとする営みがあります。第3章では、これを当事者参画という視点から整理していきます。

3. 位置関係（ポジショナリティ）を理解する

　次に、支援者（非当事者）の立ち位置について考えたいと思います。当然ながら、トラウマや逆境体験をした当事者とそうではない支援者（非当事者）は、〈内海〉と〈外海〉それぞれ別の場所から出会います（図0-6）。

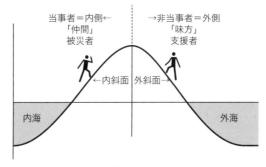

図0-6　「仲間」と「味方」

出典：宮地尚子（2011）『震災トラウマと復興ストレス』岩波ブックレット

　環状島では、これをポジショナリティという概念から、分かりやすく整理しています。当事者は〈内海〉から〈内斜面〉を登り、支援者は、〈外海〉から〈外斜面〉を登ってやってきます。当事者と支援者は、もともと異なる場所から、そして異なるプロセスを経てやってきて〈尾根〉で出会うのです。〈尾根〉にともに立ち続けることは決して容易なことではなく、いつでも崩され、壊され、離れ離れになってしまう危険と隣り合わせなのです。支援者は、〈外斜面〉から〈外海〉へいつでも去ることができますが、当事者はそうはいきません。ただし、支援者には「いつでも去れる」状況のなかで、その場に居続けることの難しさやしんどさもあります。

　では、なぜ位置関係（ポジショナリティ）を理解する必要があるのでしょうか。それは、私たちが「声」を聴いた先に起こる出来事を想像するためです。「子どもたちの力になりたい」と思った時に、私たちは、どのような地平に立つのか理解しておく必要があるからです。環状島では、さまざまな力関係が働きます。人間関係をとりまく〈風〉、当事者が逆境体験からもたらされた〈重力〉と表現します。第3章では、そのあたりが詳しく書かれます。

　そして、子どもたちの「声」が尊重され、聴きとげられるかは、社会のありように規定されるからです。社会における問題の取り扱いを、環状島では、〈水位〉という言葉を用いて、説明します。環状島は、〈水位〉によって、はっきり現れたり、隠れてしまったりするとされています。〈水位〉が下がれば、「声」は聞き届けられやすくなり、支援者も増えます。〈水位〉が上がれば、今まで被害者と認められていた人も見えない存在となり、必死で「声」をあげなければ支援を得られない状況になります。つまり、支援者に求められていることは、目の前にいる子どもを助けようとする行動だけでなく、社会のありようが子どもたちの生きる実態に影響があることを自覚して、どのように

アクションするかを考える必要があるのです。

　私たちが目指す、「子どもの権利・アドボカシー・当事者参画」の考えが広まるということは、どのようなことでしょうか。第2章で述べるように、私たちは、私たちが生きる土台、社会の地形を変えていく営みだと考えています。地形を変えることによって、〈水位〉を下げていくようなイメージです。子どもの権利の理念は、この〈水位〉にどのような影響を与えるのでしょう。この点は、つづく第1章で述べたいと思います。

　〈内海〉に落ちる子どもを一人でも減らし、たとえ落ちることがあったとしてもゆるやかな〈内斜面〉でゆっくりと休み、必要なケアと教育を受けておとなになっていくことができる…そんな社会をイメージしたいと思います。

この章のまとめ

1.「声」と子どもの権利条約

　「声」は、子どもの権利においても、重要な価値と考えられています。大人に世話をされ、依存し、ケアされる存在であるという子ども期の特徴を持ちつつも、「声」を発し、表現できる存在として子どもをとらえている点が特徴的です。

2.　子どもが「声」を取り戻すプロセス

　本書は、「声」を失い、言葉にならない「声」を抱えていた子どもが自分自身の「声」を取り戻し、人生を主体的に生きていくプロセスを描こうとしています。その際、子どもという存在をどうとらえるか、「社会的養護を必要とする」とはどのようなことか、支援者の立ち位置、私たちが目指す社会とはどのようなものか、精神科医で文化人類学者である宮地尚子さんが作られた環状島モデルをモチーフにして考えていきます。

3.　位置関係（ポジショナリティ）を理解する

　「声」を聴いた先に起こる出来事を想像するために、私たちがどのような地平に立ち、そこでどのような力関係が働くのかを事前に理解しておくことは大切です。子どもの「声」が尊重され、聴きとげられるかは、社会のありように規定されます。私たちは、どのような社会を目指すのか、そこに子どもの権利・アドボカシー・当事者参画という理念がどうかかわるかを考えていきます。

子どもの「声」を引き出す絵本…
「ちいさなとびら」という活動

長瀬 正子

　私がライフワークの一つにしている活動に、「ちいさなとびら〜子どもと家族のちいさな図書館」というWebサイトの運営があります。子育てを助けてくれるような絵本、子どもと対話が始められる絵本、おとなが子どもに話をするのに難しいトピック（家族の多様性・別離・喪失・暴力・性教育など）を扱った絵本を紹介しています。その活動を始めるのには、二つのきっかけがありました。一つは自身の子育て、もう一つはカナダ・トロント市のParent Books（ペアレントブックス、現在は閉店）を訪れたことです。

　長らく子どもの意見表明に関心を持ってきました。でも、「赤ちゃんも意見表明しているんだ」と言われてもどこか懐疑的でした。2012年に子どもが生まれ、私は育児休暇を1年とり、仕事に戻ることになりました。子どもは保育園に行き始めたのですが、その頃に何度も「読んでほしい」と持ってくる絵本がありました。

　『あーんあん』（せなけいこ作・絵、福音館書店、1972年）という絵本です。この本は、お母さんがいなくなってしまって、「あーんあん」と泣いていたら、周りの子どもも一緒に「あーんあん」と泣き始め、周りの子どもとともにお魚となり、涙の海を泳ぐことになります。みんなで泣いていたら、お母さんが網で子どもたちを掬い（救い）に来るというお話です。「読んでほしい」と何度も持ってくるので、とりあ

Parent Books店内（左）
Parent Books外観（右）

えず読んでいましたが、正直な気持ちとしては「なんでこの本ばかり持ってくるのか」と思っていました。考えているうちに、この絵本に書かれていることはこの子の気持ちなんだと、ひらめいた瞬間がありました。

　私自身、苦しい時に好きな小説のフレーズをノートに書き留めるとか、気に入った箇所を繰り返し読むことで、つらい日々をなんとか乗り切った経験があったからかもしれません。絵本そのものが、子どもの気持ちなんだと気づかされました。そして、絵本を読むことで、子どもは保育園に行くという人生で最初の混乱の時期を乗り越えようとしているのだと思いました。このことを通して、絵本は子どもがおとなに直に気持ちを伝える媒体になるということ、そして、絵本そのものが子どもに寄り添うものになることに気づかされました。その後も、絵本には、子育てのピンチを何度も助けてもらってきました。

　もう一つは、2014年にトロント市にある子育てに特化した絵本や本をセレクトしている書店 Parent Books を訪問したことです。長年研究を続けてきた児童養護施設で育つ子どもに配布される『子ども権利ノート』は、カナダ・オンタリオ州トロント市が発祥の地でした。カナダの『権利ノート』が紹介されたことにより、大阪府は自治体として初めて『権利ノート』を作成し、全国に広がったという経緯があ

ります。

　書店で出会った絵本は、日本ではあまり見かけないようなものでした。たとえば、弟か妹が生まれる予定だったのに、（流産・死産等の事情で）きょうだいに会えなかった子どもに向けて書かれた絵本や、保護者が刑務所に入っている子どものワークブックとか、多様な子どもたちにむけての絵本がありました。そこには、子どもに起きている出来事を子どもに分かるように丁寧に説明するというおとなの誠実さがあり、感銘を受けました。

　日本には、Parent Booksのような子育てのみに特化した本をセレクトした書店はないように思います。絵本も、子どものための娯楽ととらえられがちです。私自身は、絵本を子どもから読める本だととらえています。子どもとおとなが絵本という情報を共有し、共通の知識を得ながら、対話を始めることができる優れた媒体だと考えています。絵本をともに読むことそのものが、意見表明・参加の権利を実現するものでもあるのです。

◇ちいさなとびら https://chisanatobira.exblog.jp/

第1章
社会的養護を必要とする
子どもの「声」と
子どもの権利

長瀬 正子

　子どもの立場に立って考えるということ。社会学者の塩原良和さんは、「他者の立場に立って考える」ためには、他者に対する想像力が必要であるといいます[*1]。自分とは異なる状況を生きてきた人の状況を考えるうえで、想像力は不可欠なのです。塩原さんによれば、想像力とは、「自らの共感の限界や制限を押し広げて、他者を理解しようとする努力」と定義づけられます。その努力を維持するためには、学びと知識が不可欠であることを指摘しています。私たちは、他者に対する知識を持つことで、他者に対する感受性の限界を補い、それを押し広げることができるのです。

　本書のテーマである「声」にかかわって、読者の方の想像力を押し広げるために、本章では、社会的養護という仕組みである児童養護施設や里親家庭といった場で育った経験のある当事者の語りを引用しています。「社会的養護を必要とする」とは、どのような状況に子どもがおかれているのか、子どもの権利の視点からとらえていきたいと思います。そのうえで、子どもの「声」が何により引き出されたり、失

1　塩原良和（2017）『分断と対話の社会学——グローバル社会を生きるための想像力』慶應義塾大学出版会、11 ～ 12頁

われたりするのかを考えていきたいと思います。

1. 沈む「声」、失われる「声」

(1)「声」を失わせる社会的な背景

> しょっちゅう殴られていましたね。週5～6回、ほぼ毎日です。父
> 母がスロットで負けた時など、お金が苦しい時が多かったような気が
> します[2]。

　この言葉は、児童養護施設で育った経験のある銀次郎さんのもので
す。社会的養護にたどり着くまでの当事者の経験には、「虐待死」の
一歩手前を生き延びるという過酷なものも少なくありません。入所時
の家庭状況における虐待の経験は、里親で全体の39.3％（前回2013年
37.4％）、児童養護施設で45.2％（前回37.9％）となっています[3]。全体
の半数に近い子どもたちが虐待を受けていることが分かります。虐待
は、保護者、子ども、養育環境のリスクが絡み合って生じます[4]。前
記の銀次郎さんの言葉は、虐待がひどくなる時と経済的な困窮度合い
が関連していることを伝えるものでしょう。養育環境のリスク要因は、
家庭の経済的困窮と社会的な孤立に影響を受けます。

2　銀次郎さんの言葉。山縣文治「My Voice, My Life：社会的養護当事者の語り（vol.37）」
　『月刊福祉』101巻5号、74～77頁、2018年5月
3　一般的に「虐待」とされる「放任・怠だ」「虐待・酷使」「棄児」「養育拒否」の割合を合
　計している。厚生労働省「児童養護施設入所児童調査の概要（2018年2月時点）」2020
　年1月
4　母子愛育会・日本子ども家庭総合研究所（2014）『子ども虐待対応の手引き──平成25
　年8月厚生労働省の改正通知』有斐閣、29～32頁

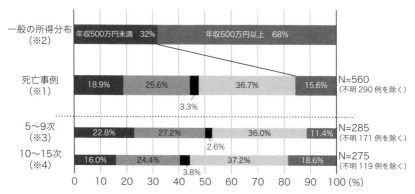

凡例：

■ 生活保護世帯　　　　　　　　　　　■ 市町村民税非課税世帯
■ 市町村民税課税世帯（均等割のみ課税）■ 市町村民税課税世帯（年収500万円未満）
■ 年収500万円以上

（※1）「子ども虐待による死亡事例等の検証結果等について（第 5 次―15 次）」（社会保障審議会児
　　　童部会児童虐待等要保護事例の検証に関する専門委員会）より算出
（※2）平成 28 年度（2016 年度）国民生活基礎調査より算出（未成年の子どもを含む世帯）
（※3）2007/1/1（第 5 次報告）―2013/3/31（第 9 次報告）
（※4）2014/4/1（第 10 次報告）―2018/3/31（第 15 次報告）
◆2004/1/1（第 2 次報告）から 2006/12/31（第 4 次報告）は所得区分が異なる。
　→参考値：生活保護世帯 14.3％/ 年収 500 万円以上 12.7％（N＝151 不明 88 例を除く）

図1-1　児童虐待死亡事例（心中以外）の所得分布

出典：松本伊智朗　参議院「国民生活と経済に関する調査会（2020 年 2 月 12 日）」において、参
考人として意見陳述をした際に使用したものの一部である。1 年間、参議院の HP で公開されてい
たが、現在は見ることはできない。松本伊智朗さんからのご了解を得て、本書に掲載した。

　図1-1 は、虐待死の死亡事例を分析した際に、一般家庭の所得分布
と死亡事例の家庭の所得分布とでは大きな差があることを示していま
す。死亡事例は、年収 500 万円以下が 8 割以上を占めており、貧困問
題との関連性がうかがえます。ここから分かることは、財政的な支援、
貧困を緩和する施策があれば、虐待死は避けられたかもしれないとい
うことです。個人的な問題にされがちな虐待という問題が、社会保障
を含む社会の制度のあり方とどうかかわるかということを考えさせる
ものです。

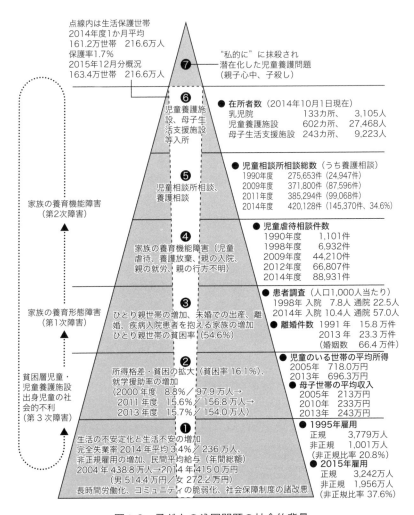

図1-2　子どもの貧困問題の社会的背景

出典：浅井春夫（2017）『「子どもの貧困」解決への道』自治体研究社、21頁

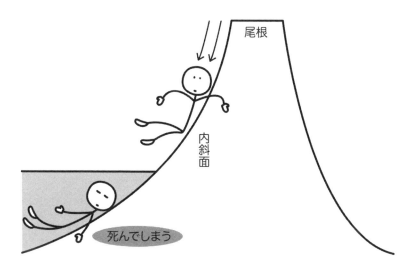

図1-3　環状島における社会的養護を必要とする子ども

　図1-2では、社会状況の悪化が、貧困問題の増大をもたらしていることが示されています。

　子どもの養育環境が社会構造から大きな影響を受けていることを考えさせるものでしょう。ここでは、困難が極まるほど上に行きますが、実際のイメージは、図1-3のようなイメージではないかと考えます。

　最も厳しい状況にあった子どもは、「声」を発することができないまま、亡くなってしまいます。その一歩手前を生き延びる子どもを支えるシステムが、社会的養護の仕組みであるといえます[5]。

　私たちの社会は、どのような社会であるのでしょうか。〈内海〉へと落ちやすい斜面なのか、〈尾根〉へとあがっていきやすい社会なの

5　その差は、子どもの存在に気づけたおとながいたかということ、そして、気づいたおとながいたとしたら、そのおとなが子どもの小さな「声」を信頼し、行動し続けたかどうかという点にあります。

か、支援者にとって支援がしやすい形状なのか…これらのことは、子どもの人生、子どもにかかわりを持とうとする人たちの日常に、日々の生活に大きな影響を与えています。

　次の語りは、母親とともに居住場所を転々してきたスダチさんのものです。スダチさんが施設で生活する直接的な理由は、母親の受刑ですが、その背景には、母親の経済的な困窮と社会的孤立がありました。それは、日本の多くの母子世帯が抱える課題と重なります。非正規労働者の割合が男性の2倍であること、暴力に遭遇しやすいこと、とりわけ母子世帯は困窮しやすく貧困率は54.6％であること等です[6]。こうした母親の状況は、スダチさんにどのような影響を与えたでしょうか。スダチさんは、母親の孤独をじっと見つめ、必死で守ろうとしています。それは、スダチさんの気持ちよりも母親の気持ちが優先されることを意味します。

　　僕は、お母さんにすがるしかなかったんで。「イヤ」とはなかなか言えなかったでしょうね。…いつも母親の顔色うかがいながら、怒られないようにいたので。…「わたしの味方は○○だけ」「裏切らないでほしい」ってずっと言われ続けてきた。…暮らし始めて2、3ヵ月で、すでに内縁の夫との関係性はダメになってたんですよ。でも、お母さん自身行き場がなかった。だから、嫌いな人であっても一緒に暮らし続けるしかない。お金もないし、頼れる人もいない。ものすごく孤独だった。そんななかで「○○だけは…」っていうメッセージは強くなったと思うし、僕もよりその期待に応えるようになっていった気がします。信頼を寄せる唯一の相手が僕しかいないんだったら、僕が傷つけてしまったらこの人はダメになるって[7]。

6　「特集　女性と貧困──見えない貧困への自治体の取り組み」『住民と自治』自治体問題研究所、2017年8月号
7　スダチさんの言葉。長瀬正子「My Voice, My Life：社会的養護当事者の語り（vol.43）」『月刊福祉』101巻11号、74〜77頁、2018年11月

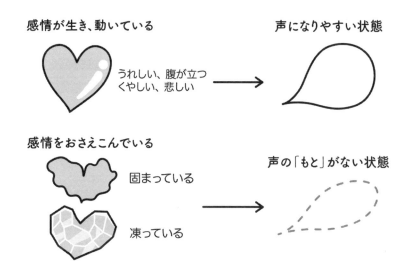

図1-4　感情と「声」の関係

　気持ち、そして感情は、「声」を発していくための源泉となります。しかし、当事者の経験からは、気持ちや感情を押し殺したり、他者の感情が優先されたりすることが語られます。自分の感情をおさえこむことが日常になるという経験は、当事者の「声」を失わせてしまいます（図1-4）[8]。

（2）社会的養護という制度のなかで失われる「声」

　このような背景を抱え、子どもたちは社会的養護の仕組みにたどり

8　詳しくは、長瀬正子（2019）「子どもの『声』と子どもの貧困——子どもの権利の視点から」松本伊智朗編著『生まれ、育つ基盤——子どもの貧困と家族・社会』（シリーズ子どもの貧困①）明石書店。本書では、第3章において「逆境体験」という言葉で説明されています。

着きます。ただ、生きることそのものが奪われる、その一歩手前を救うための判断であったとしても、子どもにとっては慣れ親しんだ場所から分離されるという喪失の経験でもあり、逆境の体験ともなります。そして、当事者の言葉からは、〈内海〉から救いあげたはずの社会的養護の仕組みが、再度子どもを〈内海〉におしやり、「声」を失わせてしまうような事態があることが分かります。

1) 喪失

> 分からないままです。大学1年生になってから、施設に「（生い立ちを）教えてほしい」って聞きにいったんです。「ケース記録読ませてくれ」っていうくらいの勢いで。でも、教えてもらえませんでした。親のこともあんまり分からなかったです。今話していることも、あくまでも自分の主観です。そのへんがふに落ちないんですよ。何で自分は知らないのに、（施設職員とか）ほかの人は知っているんだろうって[9]。

真帆さんの語りは、自分の生い立ちを知ろうとした思いを伝えるものです。自分がどのような子どもだったのか、なぜ社会的養護で育つことになったのか、自分の記憶のなかで空白になっている箇所を取り戻したいという思いです。

> 小1の途中で一時保護所に行ったよ。ノラって連れていかれて。普通「転校します」っていうお別れ会、報告だけでもあるやん。それも一切なかった。突然やった。友達に「バイバイ」言えたことは、この後小3で入所する時も一回もない[10]。

9　真帆さんの言葉。長瀬正子「My Voice, My Life：社会的養護当事者の語り（vol.23）」『月刊福祉』100巻3号、86 ～ 89頁、2017年3月

10　超さんの言葉。長瀬正子「My Voice, My Life：社会的養護当事者の語り（vol.19）」『月刊福祉』99巻11号、86 ～ 89頁、2016年11月

　超さんの語りは、友人との別れが突然にもたらされた経験を伝えています。ある日突然その子どもにとっての日常が失われるだけでなく、そのことに対して別れすら言えないということは、喪失に対して怒ったり、悲しんだりするプロセスがなかったことを意味しています。

　当事者の人生において、どのような喪失が生じてきたのかという視点は重要であると考えます[11]。虐待によるトラウマで自分が抱えられる記憶となっていない場合もあるでしょうし、養育者の交代や分離によって、自分の子ども時代の記憶を持てないでいる場合も存在しているからです。

2）おとなの思いが優先されるということ

　　今振り返ると、（週末・季節）里親さんのところへ行くときは無理しなければよかった、と思います。他の人には、無理しないでほしい。「せっかく行けるから、行かしてもらったら？」って周りの人は言うかもしれないけれど。私みたいに途中で孤立したりとか、例えば向こうの対応が途中から変わっちゃったりとかしたら、無理にいかなくていいと思う。子どもにも権利はあると思う。大人にばっかり引っ張られるんじゃなくて…。でも、（自分の気持ちは）言いづらい。私は言えなかった結果、最後までいった。だから、子どもの気持ちを言いやすい環境をつくったほうがいいかもしれない。みんながみんな、私みたいになってないと思うんですけどね[12]。

　chunさんの語りは、子どもとおとなという関係性のなかで、施設

11　グリーフケアについては、水澤都加佐／スコット・ジョンソン（2010）『悲しみにおしつぶされないために──対人援助職のグリーフケア入門』大月書店や、「アメリカの里親研修マニュアルからPRIDE Trainer's Guide（5）喪失体験」神戸家庭養護促進協会「はーもにい」第104号、2012年3月25日が参考になる。

12　chunさんの言葉。長瀬正子「My Voice, My Life：社会的養護当事者の語り（Vol.53）」『月刊福祉』102巻9号、80〜83頁、2019年9月号

の、そして、おとなの「良かれ」という思いのなかで、自分の気持ちを我慢した経験を伝えるものです。chunさんは、長期休暇のたびに里親宅で過ごしていました[13]。幼い子どもだった頃から中高生になるまでの間で、里親に対する気持ちは、変化していきます。里親宅で過ごす時間が必ずしも彼女にとって居心地の良いものではなくなっていました。それでも、「里親のところに行くのは（本人にとって）よいこと」とする職員の思いのなかで、彼女は一切自分の気持ちを言えなくなってしまいます。

3）暴力

　　夜が怖くて一人でいられなかったり、平常心を保てない時がしんどい。この1年くらいで急に…。いろいろ考えたり、話聴いてもらうなかで、原因は、性被害だけじゃなくて、乳児院から施設で生活し始めて、2日に1回安心して眠れなかったことも関係ある気がしてる。自分が寝る建物に宿直の先生がいない夜は眠れなくて。あんな仕打ちはないなあって。…泣いてるのに、ほったらかして帰るとか。小4の途中まで続いた。夜中ずっと電話かけたり、先生がいるほうのホームに電話かけたり。どうにか横の子を起こして、起きておいてもらうとか。本当に怖い時は事務所まで歩いて行ったり。本当に、めっちゃ怖かった[14]。

　生まれた時から乳児院で育っていたiraさんは、施設における暴力の存在を指摘します。性被害にあったこと、職員から基本的なニーズが満たされなかったこと、それが現在の彼女の生きづらさにつながっていることを伝えるものです。

13　週末里親、季節里親という制度。土日や長期休暇に里親のところで過ごす仕組み。

14　iraさんの言葉。長瀬正子「My Voice, My Life：社会的養護当事者の語り（Vol.61）」『月刊福祉』103巻5号、80〜83頁、2020年5月号

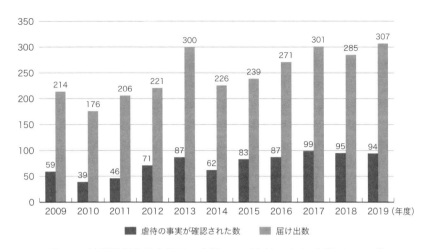

図1-5　被措置児童等虐待届け出数および虐待の事実が確認された数

出典：2009 ～ 2019年度「被措置児童等虐待への各都道府県市等の対応状況について」（厚生労働省）をもとに筆者作成

　社会的養護の生活の場における暴力もなくなっていません。

　2000年はじめの千葉県恩寵園事件に始まり、数々の施設内虐待の発覚が続きます。同時期に、子ども同士の加害・被害問題も明らかになっていきました。2009年に児童福祉法が改正され、社会的養護で育つ子ども（被措置児童）が暴力の被害にあった場合のガイドラインが示されました。

　その後も、施設職員および里親による不適切養育、そして、子どもの加害・被害問題は毎年報告され続けています。図1-5は、2009年度から2019年度までの被措置児童等虐待届け出数と虐待の事実が確認された数をグラフにしたものです。大きな増減はないですが、虐待の事実が確認された数は若干ではありますが上昇していることがみてとれます。2019年度においては、これらは被措置児童等虐待対応の体制が整備されている58自治体、全体の82.9％にあたる自治体であ

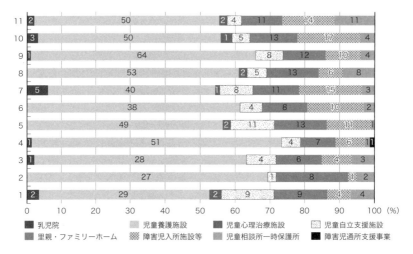

図1-6　被措置児童等虐待の事実が確認された事例の施設等の種別

出典：図1-5に同じ

ることもお伝えしておきたいと思います。

　また、図1-6は、被措置児童等虐待の事実が確認された事例の施設
等の種別を示したものです。虐待の事実が確認された事例のうち、社
会的養護施設が占める割合は高いものです。ちなみに、虐待の事実が
確認された児童養護施設数が全体の何割であるかを確認したところ、
2017年度が10.4%、2018年度および2019年度は8.3%でした[*15]。

　かつて、筆者は、児童養護施設の生活において暴力をともなう威圧
的な上下関係があること、当事者自らが施設の生活のなかで「仕方が
ない」「あきらめる」「我慢」という行動の選択を行い、「抑えつけられ

---

15 2017年度から2019年度の全児童養護施設の総数のうち、同年度の被措置児童等虐待の
　事実が確認された数の割合を示した。全児童養護施設の総数については、毎年発表され
　る厚生労働省子ども家庭局家庭福祉課「社会的養育の推進に向けて」を参照した。2019
　年度の総数については令和3年5月、2018年度については令和2年10月、2017年度につ
　いては平成31年4月発表のものを参照している。

て生きる」日常があったことを指摘しました*16。本章で紹介した当事者の「声」は、そこから10年、あるいは15年以上経過した、つまり10〜15歳年下の人たちのものになります。少しずつ制度改革はなされてきたかもしれません。それでも、社会的養護を必要とする背景と過程において、そして、社会的養護の制度においても、子どもの「声」は失われやすく、そのうえ奪われやすい実態があるのです。

（3）学校や社会のなかで失われる「声」…偏見と差別

「声」を発するためには、それを発する相手となる他者の存在を必要とします。その時には、子ども自身が、自分自身をどのようにまなざしているかという自己評価とともに、他者という存在をどうとらえているのかが影響するでしょう。自己評価は、「声」を支える土台のようなものだと考えます。

当事者の語りから浮かび上がるのは、「社会的養護で育つ」ということが、子どもたちに否定的な自己評価を与えているということです。そして、それは、社会から子どもへと付与されていることが分かります。

> 学校で物がなくなったり、何かあったりした時にまずは学園の子が疑われるんです*17。

洋太さんの語りのように、「施設で育つ子ども」と一括りにまなざされるだけでなく、そこに対する否定的なメッセージや偏見を押し付

16　長瀬正子（2011）「児童養護施設での生活」西田芳正編『児童養護施設と社会的排除——家族依存社会の臨界』40〜71頁

17　洋太さんの言葉。山縣文治「My Voice, My Life：社会的養護当事者の語り（vol.21）」『月刊福祉』100巻1号、2017年1月

けられた経験は複数あります。

　　　最初に勤めた認知症高齢者グループホームの利用者は、私のことす
　　ぐ忘れちゃうけどかわいがってくれ、私も高齢者は好きでした。でも、
　　一緒に働いていた職員は主婦が多かったんです。「おうちは？」「どう
　　してひとり暮らしなの？」「出身地は？」など、根掘り葉掘り…。「園
　　で生活してた」って恥ずかしくないけど、かわいそうって思われたり、
　　そういうことで自分を評価してほしくなくて、言えませんでした[*18]。

　社会に出てからもそうした状況は継続します。まさこさんの語りは、
「施設で育つ」ことが安易に「かわいそう」と結び付けられることへ
の抵抗が語られています。

　　　根底は、「親に捨てられた」っていう思いは大きい。「親に子どもは
　　育てられる」っていう日本の社会的な家族像があるなかで、親と生活
　　できないのは異質なわけやから。そこでのアイデンティティーのマイ
　　ナスの部分ってすごいやろうなって思う。根深いものがあって。自分
　　の生きている意味が揺らぐよね。だって、生まれたときから揺らいで
　　るというかね。生まれるヒストリー自体が[*19]。

　Aさんの語りは、当事者が自らの存在を「異質」と位置づける景背
に、日本社会の家族観があることを伝えています。多くの人にとって
は「当たり前」の家族観が当事者のアイデンティティーのマイナス部

18　まさこさんの言葉。谷口純世「My Voice, My Life：社会的養護当事者の語り（Vol.26）」
　　『月刊福祉』100巻6号、72～75頁、2017年6月号
19　CVV・長瀬正子（2015）『社会的養護の当事者支援ガイドブック』Children's Views and
　　Voices、40頁

分を形成し、生きている意味さえも揺らがせてしまうのです。

　社会における偏見や差別は、当事者の自己評価を低いものにします。「声」を支える土台そのものが崩されてしまうような状況があるのです。

2.「声」を引き出し、つなぎ、紡ぐ

　では、当事者の「声」を引き出す営みや実践にはどのようなものがあるでしょうか。まず、当事者の語りから子どもにとって「よい」と評価されたもの、本人にとって助けられた、救われたという経験をみていきたいと思います。社会的養護の実践のなかには、子どもの「声」を聴くことを重視して、なされているものも少なくありません。当事者の「声」の経験と、社会的養護の実践から、「声」を引き出し、その「声」をつないでいくためのエッセンスを学ぶことができると考えます。

（1）社会的養護につなげる…小さな「声」を無視しない

　（虐待を）見つけたとしても、見て見ぬふりだと思う。小さい頃だって、外に何時間も出されているわけだから、近所の人とかは気づいてると思うんですよ。泣いてても、みんな、見てみぬふりで通り過ぎていく。こっち見てるけど、見て見ぬふり[20]。

　こっちゃんさんの語りは、社会的養護という仕組みにつながるためには、おとなとの協働が欠かせないことを伝えるものです。命が失わ

---

20 こっちゃんさんの言葉。長瀬正子「My Voice, My Life：社会的養護当事者の語り（Vol.53）」『月刊福祉』102巻9号、80～83頁、2019年9月号

れる一歩手前を生き抜くには、おとなの助けが欠かせません。しかし、こっちゃんさんは、多くのおとなが母からの自分への暴力があることに、気づいていたにもかかわらず、誰も助けてくれなかったことを語ります。助けてくれなかった周囲のおとなの存在は、母からの直接の暴力と同じくらい、本人の力を奪ったように思われます。

　　　親身になってくれる先生で、夕食が食べれなかったときは、朝早く学校に行って、ごはんを食べさせてもらったりしてた。夏休みが近づいて、家にずっと居るのはきついな、と思って相談しました。学校で児童相談所の人と会って、一時保護所に行きました[*21]。

　一方で、真帆さんの場合は、厳しい状況のなかで寄り添った教員の存在によって、本人が「助けて」という「声」を発することができました。閉じ込められた家から、フェンスをよじ登ってまで逃げようと思えたのは、本人に働きかけ続けたおとなの存在があったからでしょう。

　つらい状況を子どもが脱したいと願っても、子ども一人でそこを脱することは容易なことではありません（図1-7）。そこにともにたたずむ、その状況を見守る、そして働きかけるおとなが一人でもいることが、子どもが抱える負担を減らすことができるのではないでしょうか。

図1-7　「声」をなくしている子ども

小さな、きこえにくい「声」をきくってどういうことだろう…？

21 前掲、真帆さんの言葉。

（2）尊重と敬意（リスペクト）を持つ

　　布団がふかふかで、その布団が最高に心地よくて忘れられない。そこで寝たくて、施設に帰ってきていた[22]。

　Ｆさんの語りは、退所して長い年月を経た当事者が現在も支えられている経験を問われたなかでのものです。家事と養育は、日々行い、そして日々消え去っていく営みです。誰でもできる簡単な仕事という社会的評価も根深く存在しています。Ｆさんの語りは、そうした社会的評価を覆すものといえるでしょう。同時に、支援者の実感を下支えするものかもしれません。日々の養育における一見何気ない支援が、子どもの生きる・育つ権利を保障する営みにつながっています。

　　唯一、ひとりだけ家族みたいな職員がいて。その人は私をすごく信用してくれた。最初は、「こんな若い人が親代わりか」って思ったけど、一度深く話をした時、（私を）受け入れる態勢がとても心地よくて。例えば、私が「何かをしたい」っていったら、全部「オッケー」みたいな。その人は「育美がやりたいと思って胸張ってする仕事だったら何でもかっこいいと思う。」「後悔ないようにね〜」って言うのが口癖で。こういう人が子どもを助ける立場になるんだなあと思って[23]。

　育美さんは、施設で出会った職員の存在について語っています。自分を承認し、尊重してくれた人との出会いが、人生の活力となってい

22　Ｆさんの言葉。伊部恭子（2018）「社会的養護経験者が語る『支えられた経験』とその意味——15人への生活史聴き取りを通して」『福祉教育開発センター紀要』第15号、46頁

23　育美さんの言葉。長瀬正子「My Voice, My Life：社会的養護当事者の語り（vol.7）」『月刊福祉』98巻12号、80〜83頁、2015年11月

ます。

　　　4年生の担任がすごい先生で。先生らしくない先生。男性で、サッ
　　カー選手みたいな感じの金髪でロン毛だったんですよ（笑）。4年生で
　　その先生と会って学校とか生活が楽しくなって。…すごい熱い人だっ
　　たんですよ。父親代わりか、兄貴代わりか分からないですけど。僕だ
　　けじゃなくて、クラス全員が「俺たちファミリーだぜ」みたいになっ
　　て。ちょっと昔のGTOみたいな。その頃から記憶がはっきりしてま
　　すね*24。

　子どもにとって指針となるおとなの存在は、施設職員に限りません。
はじめさんは、学校教員を志すきっかけになった教員との出会いを語っ
ています。おとなは、子どもの風景を一変させるような影響を子ど
もにもたらします。
　当事者の「声」から分かることは、ひとりの人として大切にされた
経験は、当事者の「今・ここ」の生活を支えただけでなく、おとなに
なってからの人生をも支えているということです。
　当事者を単に「助けられる人」の位置にのみおかない工夫も重要で
しょう。野宿一歩手前の状況を生き延びた翔太さんは、住居を提供し
てくれたNPOで子どもと遊ぶことを率先して行っていたことを話し
てくれました。助けられる一方ではない関係性は、彼がそこに滞在し
続けることを支えたように思います。

　　　週一になっちゃいましたけどね。仕事のほうが忙しくなってきて。
　　昔は、ボランティアスタッフみたいな地位があったんですよ。ここで

---

24 はじめさんの言葉。長瀬正子「My Voice, My Life：社会的養護当事者の語り（Vol.57）」
　『月刊福祉』103巻1号、74 ～ 77頁、2020年1月

　住まわせてもらっている以上は、恩返し的なことができたらなと思い
ながら、子どもと遊んでいたりしました[*25]。

　こども食堂を運営する鴻巣麻里香さんは、「役割があり、誰かの力
になる。その経験こそがこどもの自尊心を守り、自身の強みに気づく
契機となる」と指摘しています[*26]。ゆえに、鴻巣さんがたずさわるこ
ども食堂では、「全員が場に貢献する仲間」としてつながるために料
理、配膳、皿洗い、メニューを書く、写真をとる、片付けをするとい
った役割を引き受け、その「まかない」として食事を受け取ります。
「子どもの自尊心と安全のつながり」に力点を置いた実践といえるで
しょう。

（3）子どもとともに言葉を紡ぐ

　次に、意見表明・参加の権利の一般的意見の解釈において鍵となる、
「情報共有と対話」に注目して、現在行われている実践を紹介してい
きたいと思います。

1）情報共有

　ライフストーリーワークという児童相談所や児童養護施設等におい
て始められた子どもの喪失に対する取り組みがあります。みどりさん
の言葉は、施設で育つことになる理由を自身で解釈してきた子ども時
代から、おとなになってから自力で自分にかかわる事実をつかんでき
た過程を振り返って述べられたものです。多くの子どもとは異なる、

25　翔太さんの言葉。長瀬正子「My Voice, My Life：社会的養護当事者の語り（Vol.11）」
　　『月刊福祉』99巻3号、82〜85頁、2016年3月
26　鴻巣麻里香「『こども食堂』の可能性と課題──そろそろ「おとなの貧困」を語りませ
　　んか」『季刊保育問題研究』第292号、23〜37頁、2018年8月

社会的養護で育つという子ども時代を経験するからこそ、そこに対するおとなからの説明と応答が必要ではないでしょうか。

> 社会的養護のもとで生活しているすべての子ども・若者が彼ら自身の人生を前向きに歩んでいくためには、「自分の存在意義」をもつことが必要だと感じています。子どもたちが「生きていてもいい」と思える1つの方法が、ライフストーリーワークになるのかもしれません。すべての子どもたちが人生の主役になり、大人になってもライフストーリーを紡げるように、みなさん、どうぞご協力のほどよろしくお願いいたします[27]。

　社会的養護のもとで育つ子どもの3つの疑問「わたしって誰?」「なぜここにいるの?」「これからどうなるの?」に応える作業を信頼できるおととともに行うこと、それが過去－現在－未来をつなぎ、前向きに生きていけるよう支援するものになります[28]。子どもが自らの人生における事実を養育者と共有し、子ども自身の物語を紡ぎなおすプロセスを保障するものといえます[29]。
　子どもは、自身に起きていることがどのようなことか分からないことも少なくありません。言葉を提供されたからこそ、初めて「声」を出せるようになるのです。子どもがおかれている状況を子どもが理解できるように丁寧に伝える取り組みは複数始められています。
　子ども情報ステーションぷるす・あるはが提供する「家族のこころ

27 みどりさんの言葉。中村みどり (2016)「わたしのライフストーリーを紡ぐ」才村眞理・大阪ライフストーリー研究会『今から学ぼうライフストーリーワーク——施設や里親宅で暮らす子どもたちと行う実践マニュアル』福村出版、65〜68頁
28 才村眞理・徳永祥子 (2016)「ライフストーリーワークとは」前掲書、8頁
29 楢原真也 (2015)『子ども虐待と治療的養育——児童養護施設におけるライフストーリーワークの展開』金剛出版

の病気を子どもに伝える絵本」シリーズや『悲しいけど、青空の日』（シュリン・ホーマイヤー文・絵、田野中恭子訳、サウザンブックス、2020年）はそのような取り組みとしてあげられるでしょう。子どもが自身のおかれた状況を理解し、そのうえでその事実に向き合えるよう子どもを助けるものです。同時に、周囲のおとなが精神疾患について理解を深め、子どもと語り合えるようになることをも支援する絵本です。社会的養護分野において、1990年代後半から作成されて全国に展開する『子どもの権利ノート』もそうした取り組みの一つに位置づきます。社会的養護で育つ子どもに保障されるべき権利の説明と子どもの権利を奪うような事態があった際に行動するための具体的な情報を提供します。拙著となりますが、コロナ下で子どもの気持ちを問い、権利とつなげて考えるワークブック絵本『きかせてあなたのきもち　子どもの権利ってしってる？』（長瀬正子文・momo絵、ひだまり舎、2021年）も、そのような取り組みに位置づきます。

2) 対話

　子どもとともに語り合うなかで、子どもたちの生活を創り出している児童養護施設もあります。1984年に体罰禁止を決めた京都にあるつばさ園という児童養護施設では、体罰によらない子どもへの支援を模索するプロセスで、子どもと話し合う取り組みをスタートします[*30]。職員の報告からは、子どもの話し合いを活性化させるさまざまな工夫があることが読み取れます。それは、発言にかかわって、おとなと子どもの力関係を崩す工夫があること、発言が記録され共有化されること、「困りごと」「やりたいこと」「わかちあいたいこと」と構造化さ

30　詳細は、大江ひろみ・山辺朗子・石塚かおる（2013）『子どものニーズをみつめる児童養護施設のあゆみ——つばさ園のジェネラリスト・ソーシャルワークに基づく支援』ミネルヴァ書房

れることで発言がしやすくなることといった点です。

　　現在、各ホームで行っている「家族会議」は最低月1回。発言した
　いことがある者は、「困りごと」「やりたいこと」「わかちあいたいこ
　と」が項目に従って会議の冒頭に聞いておくので、必ず発言できるよ
　うになっています。子どもも職員も発言の権利は同等で、職員の発言
　内容であっても、それが子どもに押し付けられることはありません。
　発言を邪魔されることはなく、逆に発言を強いられることもありませ
　ん。この会議の大きな目的は、互いが感じていること、考えているこ
　とを知り合うことです。発言は、大きな紙の上のその場で記録されて
　いき、一定期間、ホームの壁に張り出されます[*31]。

　また、施設において子どもの権利侵害が起きた時には、「全体会」
という会議が臨時で開催され、事実の報告とそれに対する意見共有が
あります。「問題の解決が目的でなく、事実あったことを知らせるこ
と・知ること」と、施設でともに生活する子ども同士が「その事実に
ついてどう感じているのかを知り合う、共有する」ことが目的だとい
います。つまり、施設の実践において、子ども同士が話し合うことと、
情報共有をすることが重視されているのです。
　このような施設のあり方を創り出すまでの試行錯誤のプロセスも、
大江・山辺・石塚（2013）には詳しく書かれています。子どもの話し
合いのあり方も何度も検討され、職員同士も研修を受け、学び続けて
いた経過があったことも印象的です。職員が自らの子ども観を変容さ
せていく過程には、学びは不可欠であるといえます[*32]。

---

31 山川靖子（2013）「自分も人も大切にできるよう──つばさ園の『話し合い』のこれま
　で」大江・山辺・石塚（2013）177〜182頁
32 1995年に大阪府で初めて『子どもの権利ノート』という冊子が作成され、施設現場に
　導入する際に、職員の葛藤が多くあり、そのプロセスで個別の施設だけでなく、地域ブ
　ロックごとの学習会が実施され、そのことが職員の意識変容につながったことが明らか

　子どもの生活だけでなく、人生の計画をともに考える取り組みもあります。児童養護施設では、子どもの自立に向けての計画をつくるのですが、それを職員だけで作成するのではなく、子どもも交えて行う施設もあります[*33]。

　大阪市西成区にあるこどもの里[*34]では、子どもたちと食事を交えて話し合ったり、感情表現や性をテーマにしたファシリテーター二人によるワークショップが月に1回実施されています。そこでは、折り紙、粘土、スライム、絵本や紙芝居、さまざまなツールが駆使されています[*35]。食事も、そうした対話を促進する要素として考えられていることも興味深いです。一人のファシリテーターの「楽しいということが根っこにあることが、子どもの成長を促す」という言葉は、子どもと対話する時に何を大切にするべきか、考えさせられます。感情を言葉で表現するというエモーショナルリテラシーに関するワークを取り入れている点も画期的です[*36]。

になっている（長瀬正子（2011）「児童養護施設における子どもの権利擁護に関する実証的研究──『子どもの権利ノート』に焦点をあてて」大阪府立大学社会福祉学研究科学位論文）。

33　鈴木喜子（2017）「児童養護施設におけるソーシャルワーク」櫻井慶一・宮崎正宇『福祉現場・学校現場が拓く児童家庭ソーシャルワーク』北大路書房

34　大阪市西成区にある子どもの居場所を基軸としながら、子どものみならず家族をも包括的に支援している。学童保育、ファミリーホーム、子育て支援、自立援助ホーム、緊急一時保護・宿泊所、エンパワメント事業、訪問サポート事業、中高生・障碍児居場所事業等、多岐にわたる事業を展開している。子どもたちの遊びと学び・生活の場であること、誰でも利用できること、遊びの場、保護者の休息の場であるとともに、学習の場であり、生活相談および教育相談も随時対応している。いつでも宿泊できる点も他の相談機関と大きく異なる点である。

35　認定NPO法人こどもの里『2018年度こどもの里事業報告書』⑥こどもたちのセルフケア、65 〜 72頁

36　エモーショナルリテラシーは、治療共同体アミティ等で重視されている。坂上香「プリズン・サークル──囚われから自由になるためのプラクティス　第2回　エモーショナルリテラシー」『世界』岩波書店、2020年2月

子どもと、ともに。

図1-8　めざしたい関係性のイメージ

3．子どもの権利の視点からとらえ直すということ

　ここまで社会的養護を必要とするという状況と、子どもの「声」との関係について述べてきました。これは、子どもの「声」が、いかに周囲のおとなとの関係に左右されるか、そして、社会のなかで沈まされたり、引き出されたりするものなのかを考えさせるものです。子どもが「声」を発することは容易なことではありません。それでも、子どもの小さな「声」を聴くことができたおとながいた時、子どもの「声」は引き出されます。そして、そうしたおとなの存在の有無が、子どもの人生を大きく変えていくのです（図1-8）。

　本章を読みながら、社会的養護を必要とする子どもが生きる過酷な現実に苦しい思いを持った読者も少なくないと思います。私は、このような現実を考えていく際に、子どもの権利の視点で問題を整理し、

条文を参照しながら、解決の方法を探っていくことが大切であると考えます。序章で述べた権利条約の一般原則（表0-1⇒18頁）は、そうした際の具体的な指針になると思います。

「差別の禁止（第2条）」の原則は、すべての子どもは等しく権利条約に示される権利を持っているという、一人ひとりの子どもが個別に異なる不平等な環境を生きているという認識に立つものだといえます。そして、この条約にある子どもの権利が社会のありようによって奪われたり、損なわれたりする危険性があることを指摘しています。当事者の語りから分かるように、社会的養護を必要とする子どもは、親、すなわち子どもの生存と発達に対する権利（第6条）を保障する基礎的な集団を頼ることができない状況にあります。こうした状況の子どもは、世界的に見ても「日々の生活において重大な困難」があり、おとなになってもその困難さが引き継がれてしまうことも少なくありません[37]。2021年3月に示された全国ケアリーバー調査の結果からも、当事者の生きる困難がおとなになった以降も引き続き存在していることは明らかです[38]。

子どもの権利条約第18条では、子どもの養育の第一義責任は親にあり、国はそれを援助する責任があることを明確にしています。子どもが社会的養護を必要とするような事情の背景には、社会的な要因が複合的に積み重なっています。現在の国および社会の親を支えていくという仕組みが十分でないことを考えさせるものです。

---

37 そのような状況を変えていくため、国連は、専門的な指針を提供する国際的基準を検討し、2009年に「子どもの代替養育に関するガイドライン」（以下、ガイドライン）を策定しました。子どもの村福岡編（2011）『国連子どもの代替養育に関するガイドライン──SOS子どもの村と福岡の取り組み』福村出版

38 三菱UFJ・リサーチ＆コンサルティング「令和2年度子ども・子育て支援推進調査研究事業児童養護施設等への入所措置や里親委託等が解除された者の実態把握に関する全国調査【報告書】」2021年3月

改めて、保護者と分離された子どもが代わりの養育を提供される権利である第20条の条文を見返したいと思います。

第20条
1　一時的若しくは恒久的にその家庭環境を奪われた児童又は児童自身の最善の利益にかんがみその家庭環境にとどまることが認められない児童は、国が与える<u>特別の保護及び援助</u>を受ける権利を有する。
（下線は筆者）

日本の社会的養護の仕組みは、「特別な保護と援助」になっているのでしょうか。もし、そのようになっていないのだとしたら、どうしていけばいいのでしょう。その応答は、第2章・第3章に続けたいと思います。

さらに、健全な家族像を前提にした社会のあり方、そこで生じる差別や偏見によっても、子どもの権利は奪われています。家族は血縁で構成され、親はどんな時も子どもを想うといった考えは、日本社会において空気のように存在します。そのような健全な家族像を前提にした制度設計も、当事者に不自由さを感じさせています[39]。

では、ここから何を目指してアクションしていけばいいのでしょう。私は、「子どもの最善の利益（第3条）」を実現するためには、「子どもの意見表明の尊重（第12条）」が不可欠だと考えます。子どもにとっ

---

39 たとえばコロナ下においては、10万円の特別定額給付金が世帯単位であったことから、家族と距離をとって生活している当事者は受け取りづらく受け取ることを諦めた当事者が少なくないと報告している。IFCAでは、当事者425名のWebアンケート調査結果をもとに、5つの提言をまとめているが、1つ目に「健全な」家族を前提とした支援から一人ひとりの状況に即した支援の充実をあげている。IFCAプロジェクトC・原田理沙・長瀬正子・井出智博（2021）「COVID-19感染拡大下の社会的養護経験者の実情と必要な支援——当事者の声に基づいた提言」『福祉心理学研究』第18巻第1号、2021年3月

て最も良いことをおとなだけで考えていても、子どもの実情を踏まえ
られません。失われ、奪われやすい子どもの「声」だからこそ、「声」
を引き出す工夫と理念を学ぶ必要があります。本章でも少し紹介しま
したが、つづく第2章と第3章に具体的なヒントが紹介されていると
思います。

　同時に、そもそも子どもの力を削がない社会をつくっていくことも
忘れてはなりません。私たちには、格差や貧困を生む日本社会のあり
ようを変えていくとともに、国による家族への支援を手厚くしていく
ことを求める必要があります。多様な家族イメージの広がりと、社会
的養護への偏見や差別をなくしていくアクションも欠かせません。子
どもの権利を保障するためには、時間やお金、人間関係、その他の社
会制度等の資源が必要です。子どもと家族に資源が割かれる社会をつ
くっていくことも、おとながすべき大切な役割ではないでしょうか。

　子どもの権利条約は、何度読み返しても新しい気づきがあります。
それは、「子どもは本来どうされるべき存在なのか」ということを、
豊かに表現しているからだと思います。世界で長い時間をかけてつく
られた条約だからこそ、先人たちの知恵がつまっています。子どもの
養育のように日常的な営みにおいても、そして、社会にアクションを
起こしていく際にも、私たちにさまざまな示唆を与えてくれるもので
はないかと考えています。

この章のまとめ

1. 沈む「声」、失われる「声」

　社会的養護を必要とする背景と過程において、そして、社会的養護の制度においても、子どもの「声」は失われやすく、そのうえ奪われやすい実態があります。また、社会における偏見や差別も根強く、当事者の「声」を支える土台そのものが崩されてしまうような状況があります。

2.「声」を引き出し、つなぎ、紡ぐ

　当事者の「声」を引き出す営みや実践を紹介しています。当事者の経験からは、小さな「声」が大切にされた経験、尊重と敬意（リスペクト）が欠かせないことが語られます。「声」を取り戻すには、おとなと子どもが情報共有と対話を繰り返し、言葉に紡ぎ直していく営みが欠かせません。

3. 子どもの権利の視点からとらえ直すということ

　子どもの「声」は、周囲のおとなとの関係、社会のありようによって沈まされたり、引き出されたりします。さまざまな子どもの問題を考えていく際に、子どもの権利条約の一般原則は具体的な指針となります。今後、子どもの権利の視点からとらえ直し、アクションしていくことが求められます。

聴かれる権利の5つのステップとチェックリスト

栄留 里美

　研修で子どもの意見表明権（第12条）について話すと「それは大事だけど、子どもの意見をすべて叶えることはできない」という意見をいただくことがあります。この感想は、この権利に対する誤解があるように思います。ですので、チェックリストをつくって具体的なイメージを伝えるようにしています。

　意見表明権とは、「意見を言ってもいいということ」、そして「聴いた『声』にちゃんと応答する」という権利です。つまり、子どもの意見をすべて叶えるという意味ではありません。序章で長瀬も書いているように、国連子どもの権利委員会（CRC）は意見表明権のことを子どもの聴かれる権利（The right to be heard）といっています。一般的意見12号において、この権利を実現するための「5つの段階的措置」を規定しています。そのステップは、「準備➡聴聞➡子どもの力の評価➡フィードバック➡苦情申し立て」というものです。

　まず、子どもの権利を子どもが知ることや話される内容を理解するといった「(a) 準備」の後、子どもにやさしい聴取方法（話しやすい場所で、オープンクエスチョンや対話方式）による「(b) 聴聞」をし、年齢及び成熟度によって重視する度合いを考える「(c) 子どもの力の評価」を行います。そして「(d) 子どもの意見がどの程度重視されたかに関する情報（フィードバック）」を提供し、そのフィードバックに不服の

子どもの聴かれる権利チェックリスト

栄留里美

　子どもとの関わりで以下にあてはまるものがあれば、✓をつけ、振り返ってみましょう。

1）児童相談所で働くみなさんへ【準備】

□ 年に1回以上の子どもの権利ノートの説明、特に意見表明権について子どもに説明している。

□ 自立支援計画などの支援方針に関する計画の存在の周知と子どもの出席・参画がある。

□ 意見や苦情申立機関の内容、どうアクセスするか伝えている　※児童福祉の場合　①苦情受付担当者　②第三者委員　③児童相談所の担当児童福祉司　④児童福祉審議会　⑤運営適正化委員会／学校の場合　①教育委員会　②権利救済機関（地元にあれば）

□ 子どもへの十分な情報提供を行っている。

2）保護者・里親・施設職員のみなさんへ【準備】

★権利についての理解

□ あなた自身、子どもの聴かれる権利を説明できる。

□ 子どもの聴かれる権利について、子どもと話をしたことがある。

★意志決定にかかわる重要な場面で、話を聴く前に以下を説明している

□ 話したことでどのような影響があるか。

□ 子ども本人から聞くこともできるし、代わりの人に頼んでもいいこと。

□ 十分な心構えを持てるように、聴く日はいつ・どこで、誰が参加するか・秘密が守られるか。

【聴聞】★話しやすい態度で
- □ 本人が話しやすい、秘密が守られる場所で話を聴いている。
- □ 子どもの話を聴く時は、真剣かつ積極的に聴くようにしている。
- □ できるだけ会話方式で聴いている（はい・いいえで答えられる聴き方は避ける）。

【力の評価】★子どもに合ったツールを使って
- □ 年齢や障害に関わらず、すべての子どもは様々な気持ち／意見を持っていることを理解している。
- □ 子どもに合ったコミュニケーションツールを使っている（絵カードなど）。

【フィードバック】★フィードバックを忘れずに
- □ 意見を伝えてくれた子どもに、感謝を体現している。「わがまま」と言ったり、「和を乱す子ども」と批判的な態度をとっていない。
- □ 「考えておくね」で終わらない。子どもの意見がどのように反映されたか、反映されなかった部分はなぜなのか、子どもに分かる言葉で説明している。

【苦情申し立て】★苦情申し立ては子どもの権利
- □ あなた自身が苦情申し立て機関（前記※の部分）の違い・申立方法を理解している。
- □ 子どもが苦情を伝えてきた場合、苦情申し立てのサポートをしている。

【養育者の権利について】★あなた自身もたいせつに
- □ 自分の権利は守られていると感じている。
- □ 子どもの暴言・暴力について安心して相談できる人がいる。

参考：「子どもの権利委員会（2009）・一般的意見12号：意見を聴かれる子どもの権利」をもとに筆者作成

ある子どもは「(e) 苦情申立て、救済措置および是正措置」をとります。

　障害がある、乳幼児であるということに限らず、すべての子どもはまず聴かれ、その後どのように反映させるかを一緒に考える姿勢が求められます。単なる意見聴取に終始するわけではなく、どれだけ子どもに情報提供を行っているか、フィードバックをしているか、苦情解決の方法を伝えているかといったプロセスであり、結果ではないことを理解いただければと思います。

　そして最後に、あなた自身の権利についてもチェックリストにつけています。自分の権利を大切にできない状況にある人に、他者の権利を守ることはできません。あなた自身の権利も、そして子どもの権利も大切にされることが必要です。このチェックリストにすべてチェックがつくのは難しいと思いますし、現場に即したものではないとお叱りを受けるかもしれません。これを見ながら、現場職員で話し合って実践のヒントを作り出す、そういったきっかけになれば幸いです。

第2章
アドボカシーとは何か
——環状島の地形を変える

栄留 里美

1. アドボカシーの使われ方

　アドボカシーは、多義的な言葉です。その言葉が使われる分野や人によって異なる用語になっています。たとえば社会福祉や看護では、社会的に弱い立場にある人々や重度の障害等で意思決定が困難な方々の権利擁護や代弁のスキルとして、また時に理念としてもアドボカシーが語られます[*1]。市民運動やNGOの活動では、「政策提言」としてアドボカシーが用いられます。黒人解放運動からの系譜を持つフェミニズムや障害者運動では、差別と闘うという意味で使われたりします。または、家庭や学校における虐待対応や権利を守るという意味でも用いられます。

　このように、アドボカシーという言葉は多義的ではありますが、総合的にみれば社会的に弱い立場にある人たちの権利を守るために、代弁し、政策提言するということで理解されているのではないでしょうか[*2]。

　1　堀正嗣・栄留里美（2009）『子どもソーシャルワークとアドボカシー実践』明石書店
　2　アドボカシーおよびアドボケイトを理解してもらうことは思ったよりも難しいことを筆

図2-1　子どもアドボケイトってなあに？ YouTube
製作：アドボケイトひろめ隊

2. 注目され始めたアドボカシーをめぐる政策

　では、なぜ今子どもの分野でアドボカシーが注目されているのでしょうか。

　きっかけは、本書のはじめにでも述べたように相次ぐ虐待事件だと思います。なかでも、2019年に亡くなった栗原心愛さんの事件は筆者に強い印象を残しました。学校が実施したアンケートに子ども本人が家庭内虐待を訴え、助けを求めたにもかかわらず助けてもらえないどころか、虐待加害者である父親にアンケートを開示してしまったこと。その後も一時保護所で性的虐待を訴えても家に帰されてしまい、父親に殺害されました。その他にも相模原市で、児童相談所に保護してほしいと訴えて保護されずに自死した子ども、長崎では児童相談所に対して裁判を起こした子どももいました。子どもの訴えが十全に考

者は実践で痛感したため、「子どもアドボケイトってなあに？」というアニメ動画を、社会的養護経験者とともに製作しました。4分間でアドボケイトの役割とアドボケイトに話したらどうなるのかがわかる内容になっています（図2-1）。

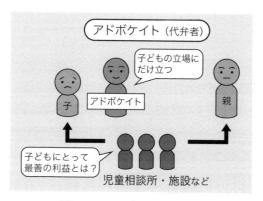

図2-2　アドボケイト概念図

慮されなかったり、子どもにとって利用しやすい苦情申立の仕組みが
用意されなかったことが続いています。これらの事件は、子ども自身
の「声」を十全に考慮しないことが権利侵害、さらには命にかかわる
ことなのだという認識を広げました。メディアや国会でも取り上げら
れ政策に反映されるようになってきました（図2-2）。

　2017年に出された「新しい社会的養育ビジョン」（厚生労働省新たな
社会的養育の在り方に関する検討会）では、三つの場面でのアドボカシー
を想定したビジョンが出されました（図2-3）。

　一つ目に、「児童福祉審議会等への申立」についてです。児童相談
所の決定に関して、児童福祉審議会が子ども本人、「アドボケイト」
（意見表明支援員）等から申請を受けて子どもの権利が擁護されている
かといった審査を行うというものです。

　二つ目に「施設訪問アドボカシー」についてです。社会的養護を受
けている子どもに関しては定期的に意見を傾聴し、意見表明支援や代
弁を行います。

　三つ目は、「児童相談所等での子どもの参加権の保障」です。子ど

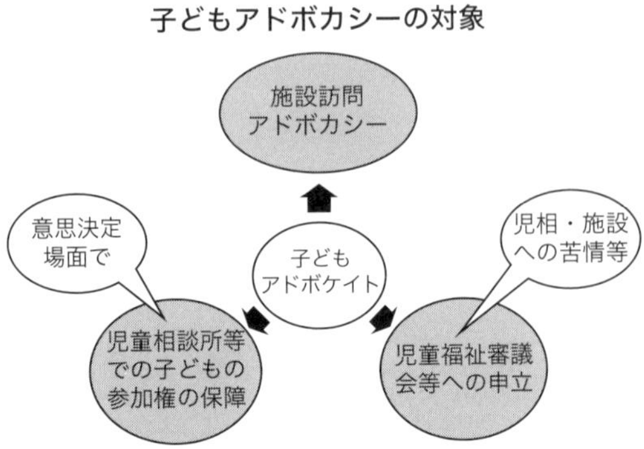

子どもアドボカシーの対象

図2-3　新ビジョンの「アドボケイト」3種類

もが意思決定の場面に参加する際に、子ども自身の参加を支援する存在です。現在の日本では、子どもが自身のケース会議に参加することは珍しいですが、欧米ではケース会議（ファミリーグループカンファレンス等）に子どもが参加することは少なくありません。その際に、専門用語が分からない、子どもがいるのにおとなのペースですすんでいくことを防ぐ目的で配置される可能性があります。

　また、2020年度から実施される都道府県社会的養育推進計画においては「当事者である子どもの権利擁護の取組（意見聴取・アドボカシー）」が2番目の項目に入っており、各地の取り組みが求められる段階に入りました。

　アドボケイトの制度化検討については、改正児童福祉法の附則に盛り込まれたことを契機に2019年度から2020年度にかけて厚生労働省の子どもの権利擁護ワーキンググループが実施されました。2021年5月に出されたとりまとめでは「児童福祉法上、都道府県等は、意見表明を支援する者の配置など子どもの意見表明を支援する環境の整備に努めなければならない旨を規定するべき」であり、自治体の取り組み

を踏まえて「意見表明支援員の配置義務化についても着実に検討を進めていくべきである。」と記載されました*3。

　このように、現在はアドボカシーについて政策的に盛り上がっているように見えます。一方で、そもそもアドボカシーとは何か？　なぜ子どもの「声」が排除されやすいのか？　アドボケイトの必要性は何なのか？　他の専門職と何が違うのか…といった問いかけに合意が得られているわけではありません。そのため、本章では、そもそもアドボカシーとは？　という定義から始めたいと思います。

3.　アドボカシーとは何か

（1）アドボカシーの意味

　そもそも「アドボカシー」「アドボケイト」とは何でしょうか。

　英語の "advocacy" とはラテン語の "voco" に由来しています。"voco" とは、英語で "to call" のことであり、「声をあげる」という意味です。つまり、アドボカシーとは権利を侵害されている当事者のために、当事者とともに「主張（唱道、弁護、支持）する」ことです。

　これは、何も特別なことではありません。川で溺れている人を例に考えてみましょう。溺れて声を出せない人を見つけたとしたら、助けが必要であると察知して周囲に救助を求めるでしょう。声をあげるということは、多くの人が普段から行動していることでもあるのです。一人のためのアドボカシーをケースアドボカシーといいます。そして、たとえば、なぜ人が溺れるのか調査をしたり、原因が分かったら政治家にロビーイングすることもあるでしょう。これらの行動もアドボカシーで、システムアドボカシー／コーズ（原因）アドボカシーといい

3　厚生労働省（2021）「子どもの権利擁護に関するワーキングチームとりまとめ」9頁
https://www.mhlw.go.jp/content/11907000/000785665.pdf（アクセス日：2021年9月21日）

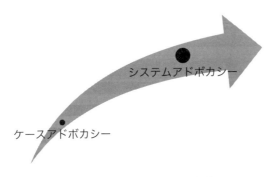

システムアドボカシー

ケースアドボカシー

図2-4　個の代弁からシステムの変革まで

ます（図2-4）。

　アドボカシーの定義同様、子どもアドボカシーの定義も多義的ではあります。ここでは、イングランド政府の定義（2002）を掲載します。

> 　アドボカシーとは子どものために声をあげることである。アドボカシーとは子どもをエンパワーすることである。そのことによって子どもの権利が尊重され、子どもの意見と願いがいつでも聞いてもらえるようにするのである。アドボカシーとは子どもの意見、願い、ニーズを意思決定者に対して代弁することである。そして彼らが組織を運営するのを助ける。

　すなわち、子どものために「声をあげる」こと、子どもを「エンパワーすること」という二つの行動によって「子どもの権利が尊重され子どもの意見と願いがいつでも聴いてもらえるようにする」のです。

　子どもの権利・「声」は、無視されやすい状況にあります。おとなだけで決定するのではなく、子どもに耳を傾け、子どもの思いを反映させる「アドボカシー」の役割が求められます。

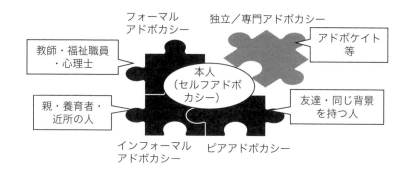

図2-5　アドボカシー・ジグソー（改変版）

（2）アドボケイトとは——みんなアドボケイト

　アドボカシーをする人を「advocate」といいます。日本語では、これを「アドボケイト」とか「アドボキット」「アドボケット」と表記しています。筆者は、本来すべての人がアドボケイトで子どもの声を支える存在になる必要があると考えています。このような意味でウェールズ政府は「アドボカシー・ジグソー」という考え方を提唱しています。

　教師・福祉職など専門職が行う「フォーマルアドボカシー」、親や近所の人たちが行う「インフォーマルアドボカシー」、友達や同じ背景をもつピアが行う「ピアアドボカシー」があります。

　子ども自身ももちろん「声」をあげる主体です。「セルフアドボカシー」を中心に位置づけて、この図に「本人（セルフアドボカシー）」と付け足しました（図2-5）＊4。本人が一番のアドボカシーの主体であるという意味です。

4　WAG（2009）A Guide to the Model for Delivering Advocacy Service for Children and Young People, WAGをもとに筆者作成。

4. 子どもの「声」が聴かれない背景——環状島でいえば…

　本来、このジグソー（図2-5）のように、本人の「声」を中心に周囲の人たちが十分に聴いてくれることがのぞましいです。しかし、「声」をあげても誰も聴いてくれない時、「あなたのせい」だとか、「わがまま」だとか、「黙ってなさい」とか言われた時はどうでしょう。そんな時は、もう黙ってしまうかもしれません。子どもだから、女性だから……。「和」を重んじる日本では黙っておくことが美徳とされることも少なくありません。だからこそ、子どもの「声」は、聴かれにくい文化・風土のある社会であることも忘れないでほしいと思います。ここからは、その根本的な原因をもっとみていきたいと思います。

　環状島でいえば、〈内海〉のある〈水位〉が高く、子どもたちが「声」をあげるどころか溺れてしまっている状況がなにゆえ起きてしまうのか、その背景を検討します。

(1) アダルティズムという水位
　まず、社会に根付いた「アダルティズム」（子ども差別）思想についてです。サザマさんらがその意味を以下のようにまとめています。

　　　子どもは社会によって組織的に虐待され、軽蔑されている。そうした抑圧を直接的に行うのはおとなである。子どもへの抑圧の土台は軽蔑である。抑圧の具体的な現れは、組織的な無力化、声や敬意の否定（「時間がないからいまはだめ」）、身体的虐待、情報を与えないこと（「心配しないで、あなたには分からないことだから」）、誤った情報を与えること、力の否定、経済的依存状態、権利の欠如（親は勝手に子どもの銀行口座からお金を引き出すことができる）、高い期待の欠如、以上のもののあらゆる組み合わせである[*5]。

　このような子ども差別・抑圧は、誰しもが経験したことがあるのではないでしょうか。虐待自体がアダルティズムの最たるものです。虐待までいかなくても、日常的に「子どものくせに」「子どもだまし」のような言葉が使われている現状では、子どもを低くみるアダルティズムが普通になっていて、子どもの「声」を尊重する社会になっているとはいえないと思います。

　このアダルティズムに加えて、「成長途中」だからということで発達や能力を強調し話を聴く機会を設けないこと、また虐待を受けた子どもなどは特にその「被害者性」に焦点[*6]があてられるために、本人のためにまわりが良い選択を与えてあげようというスタンスになってしまうことがあります。そして、障害のある子どもも同様の傾向があるのですが、「ぜい弱性」（vulnerability）に焦点があてられ意思決定の機会を与えられにくくなっています。

　こうしたことが〈内海〉の〈水位〉を高くし子どもが「声」をあげにくい環境をつくっていると考えられます（図2-6）。

（2）「最善の利益」の〈風〉をどう吹かせるか

　加えて、福祉専門職が吹かせる〈風〉にはどのようなものがあるでしょうか。筆者は、その一つに「最善の利益」の考え方をあげたいと思います。これは、国連子どもの権利条約においても一般原則の一つである重要な原則ですが、「最善の利益」こそ多義的でおとなの都合でいかようにも変えられる概念です。最善の利益を「誰がどうやって決める？」「文化によって最善も変わるのでは？」「短期的と長期的な『最善』は違うのにどちらを優先？」「客観的なのか主観的な最善

5　Sazama, J., and Young, K. S., 2001, Get the Word Out!, Youth on Board, pp3.

6　Barford, R., and Wattam, C., 1991, "Children's Participation in Decision Making", Practice 5 （2）, 93-102.

図2-6 〈水位〉が高い背景

か？」「子ども一人の最善なのか、子ども集団（施設だったら全員の）の最善？」…実は色々な論点[7]があるのですが、ブラックボックス化しています。しかも最終的に最善の利益の意味を定義づけるのは「常に大人」[8]なのです。にもかかわらず、専門職はこの「最善の利益」に魅了され、これ自体を「達成目標」にし、「何か効果的でやりがいがあることをしているという自己の正当化に陥らせる」[9]という状況が

7 Mnookin, R.H. and Szwed, E.（1983: 7）The 'best interests' syndrome as the Allocation of Power in Child Care, in Geach, H. and Szwed, E. eds, Providing Civil Justice for the Child, 7-20, Edward Arnold.
   Thomas, N.（2005: 6-7）Social work with young people in care ～ Looking after children in Theory and practice, Palgrave Macmillan.
8 Dominelli, L., 2002, Feminist Social Work Theory and Practice（須藤八千代訳（2015）『フェミニストソーシャルワーク——福祉国家・グローバリゼーション・脱専門職主義』明石書店、224頁）
9 前掲書（Mnookin and Szwed 1983: 8）

図2-7　最善の利益と子どもの意見

あるといわれています（図2-7）。

　国連子どもの権利委員会は、子どもの意見表明権が保障されなけれ
ば最善の利益の正しい適用はありえないとしており、意思決定への子
どもたちの関与を求めています[10]。そして委員会は最善の利益概念が
「都合のいいように使われる余地が残る場合もある」として注意を促
しています。

　したがって、子どもの参画があってこその最善の利益概念であるこ
とを再認識する必要があると思います。そして、この〈風〉を子ども
に対する向かい風や自分たちの方針に方向づける風ではなく、子ども
の「声」を大事にする追い風として「最善の利益」概念が使われるこ
とを願っています。

---

10 国連子どもの委員会一般意見14号

一方、子どもの「声」だからといってそのまま反映させて、自己責任にすることにも注意が必要です。子どもから「家に帰りたい」という意見があったからといって必要な調査や審議もしなかったら再虐待を受ける危険性があることも事実です。

　「『意思』という言葉が個人に責任を押し付けるための便利な装置」[*11]になっているという指摘もあります。子どもの「声」についての議論も、そのような側面と無関係ではないと考えます。

（3）支援者にも吹く向かい〈風〉

　児童養護施設でのインタビュー調査で印象に残るのは、その忙しさについてです。「本当は子ども一人ひとりの話をじっくり聴きたい」、しかし、実際はそれができないがゆえにジレンマを感じるということです。「日課」である子どもの食事や入浴など職員さんたちの日常は多忙を極めています。支援者にも台風のような〈風〉が吹き荒れていると思います（図2-8）。

　それは、児童相談所の職員も同様です。近年、児童相談所の職員増員が行われてきましたが、虐待件数の増大、特に面前DVの対応によって、多忙化しています。和田一郎さんの調査によれば、2022年度に5260人まで職員を増やす目標を掲げましたが、ケース数に対して人員が半分も足りていない現実があります。推計では1万970人が必要で5710人の不足[*12]だとしています。

　これらの問題は、子どもたちの「声」を聴いたとしても、それを実現する社会資源（時間および人的資源など）を用意できないということ

11　池原毅和（2019）「『意思』と『支援』のパラダイム展開へ向けて」『福祉労働』165、現代書館、8頁
12　和田一郎（2020）「データサイエンスを利用した児童虐待防止政策の評価——児童相談所のDV通告増加への対応から見た今後の政策のゆくえ」『子どもの虐待とネグレクト』22（2）、218頁

図2-8　忙しすぎる支援者たち

が背景にあります。たとえば、「里親と施設のどちらがいいか」と尋ねたとしても、日本の場合里親家庭が少ないという実態があります。社会資源が非常に限られていて、それを提示することができないから、はじめから要望を聴かないという選択になりかねません。

　厚生労働省委託調査[*13]では「当事者である子どもの権利擁護の取組（意見聴取・アドボカシー）」を行っているのは日本全国で18.5％（10自治体）、「検討中」が22.2％（12自治体）、「行っていない」と回答したのは59.3％（32自治体）と取り組みが広がっているとはいえない実態が明らかになりました。取り組みを「行っていない」と回答した自治体が考える課題は「（権利擁護の）仕組の構築に必要な人材の養成や確

---

13 三菱UFJリサーチ＆コンサルティング（2020）『令和元年度子ども・子育て支援推進調査研究事業：アドボケイト制度の構築に関する調査研究報告書』https://www.murc.jp/wp-content/uploads/2020/04/koukai_200427_7_1.pdf（アクセス日：2020年8月1日）

保」が56.3％と最も高くなっていました。

　このような状況において、児童福祉司の任用時に行う研修では、子どもの権利について学ぶことが盛り込まれました。しかし、全体の研修のたった1コマのみで、子どもの権利のすべてを学ぶのです。

　筆者は、このような社会資源が十分に配当されない、枯渇した不十分な状況のなかで、子どもの権利擁護に懸命に取り組んでいる支援者が大勢いることを知っています。休みもなく体を壊してまでも対応に当たっておられるのです。そのような支援者の努力だけでは、いつしか疲弊し、支援者も〈風〉によって吹き飛ばされてしまうと思います。

5. 独立／専門アドボカシーとは

（1）環状島には普段いない

　アドボカシー・ジグソー（図2-5⇒69頁）にもあったように、既存の仕組みにある専門職や周囲のおとなが、子どもの「声」を聴き応答することが最も重要です。しかし、そうではない時、つまり子ども自身が聴いてもらえないと感じた時、あるいは既存の組織に苦情がある時にはどうしたらよいでしょうか。先ほど示したアドボカシー・ジグソーの考え方は、独立したアドボケイトを誰しもが利用できるようにすべきだというものです。独立／専門アドボカシーとは、アドボカシー・ジグソーの右上に他のピースとは離れて存在しているピースのことです。

　独立／専門アドボカシーは、日本ではなじみがない役割ですが、カナダやイギリスでは、専門職など既存の機関に対する苦情を申し立てる時、意見を表明する際に、既存機関からは「独立」したアドボケイトが制度化されています。

　たとえば、イギリスの子どもアドボカシーサービスは、施設で生活

する子どもへの虐待事件が契機となり、2002年よりすべての自治体に設置されています。苦情解決や子どもの支援方法を決める会議の場などで、子どもの側に立って、子どもの意見表明の支援を行っています。

　実は、ウェールズ政府が示したのは、4つのピースが接している完成パズル図です。

　筆者がこれを翻訳した時、そのままその図を紹介したところ、なぜかその図が多くの人に受け入れられました。独立型だけではなく、「みんながアドボケイト」なんだという言葉は誰も傷つかないし、アドボカシーをするためのモチベーションになるのでしょう。ただ、弊害となったのは、独立型が他のピースとつながっていると、その「独立性」が理解されず、他の専門職と同じように子どもの情報を共有したり、仲間になるようなイメージを持たれてしまいます。筆者が独立／専門アドボカシーにおいて重視したい点は、あくまで子どもの指示にのみ従い、子どもの依頼以外は他の専門職と情報を共有しないということなのです。ですので、このピースは離しておくことが大事なのではないかと思い、図2-5（⇒69頁）のように改変しました。

　日本でも、各地に独立型のアドボカシーセンターが設立されてきています。たとえば2020年に子どもアドボカシーセンター OSAKA、子どもアドボカシーセンター NAGOYA、子どもの声からはじめよう（東京）、2021年に子どもアドボカシーみやぎ、子どもアドボカシーセンター福岡などが設立されました。私が勤務する大分大学でも権利擁護教育研究センターが設立され、2020年度から国のモデル事業としてアドボケイトの養成・派遣が始まっています。

(2) 独立アドボケイト——ヘリコプターで降り立つ

　環状島モデルでいえば、支援者は〈斜面〉にいます。ですが、イギ

図2-9　水中ノートで意見を聴くアドボケイト

リスのアドボケイトの場合はそれとは異なる位置になります。いつも
（存在して）いる人ではないので、アドボケイトはヘリコプターから環
状島に来るようなイメージです。「聴いてくれない」と感じている子
どもの指示のもと、子どもたちに呼ばれます。

　障害などで思いを伝えられない、あるいは伝える機会が奪われてい
る子どもたちのもとに出向き、意見表明の機会をつくります。

　環状島モデルを援用すれば、トラウマによって〈内海〉で苦しい状
況にいる人のもとに、ヘリコプターで近くまで行き、酸素ボンベと水
中ノートを渡すような、そんな役割を持っています（図2-9）。

　環状島の〈内海〉に沈んだ人は語れないとされています。でも、本
当に語れないかどうかは分からないのではないでしょうか。もちろん、
語れない環境を変える（〈水位〉を下げる）ことが一番なのですが、緊
急対応としての酸素ボンベという手段を考えてみたいと思います。

　アドボケイトは、すべての人の語れる能力を推定せず気持ちを聴く
ためにさまざまな方法を用いて時間を割きます（イングランド全国基準
1.3）。本人が思っていること、「早く家に帰りたい」という気持ち、
「お父さんはどうしているのか知りたい」という疑問、「元の学校に通
いたい」という希望など子どもが言いたいことを絵や人形やさまざま
なツールで聴きます。

　そして、筆者がイギリスの子どもアドボカシーを支持しているのは、
その理念に、徹底して最善の利益をとらないことを明言しているから
です。最低基準には「子どもがアドボカシーの過程を導く。アドボケ
イトは子どもの表現された許可と指示の下にのみ行動する。それが
『子どもの最善の利益』についてのアドボケイトの意見とは異なる場
合でさえそうするのである。」[14]と規定されています。あくまでもア
ドボケイトは子どもの表現を聴き、許可や指示を得て行動します。
ソーシャルワーカー等の専門職は最終的に「最善の利益」を判断しま
すが、アドボケイトは子どもの側に立って、意思決定者が子どもの
「声」を考慮するよう働きかける立場なのです[15]。

---

14 Department of Health（2002）National Standards for the Provision of Children's Advocacy
　Services, DoH Publications.（堀正嗣（2009）「子どもアドボカシーサービス提供のため
　の全国基準」堀正嗣・栄留里美『子どもソーシャルワークとアドボカシー実践』明石書
　店、65 〜 192頁）

15 さらに、子どもの側に立つためには、「守秘義務」が重要です。「プライバシーを常に尊
　重し、子どもの同意なしにはサービス外に漏洩しないことを子どもに保証する」（基準
　7.3）。最低基準の最後には、子どもの声として、「あなたが言ってほしくないことは、
　アドボケイトはソーシャルワーカーに言うべきではない」（前掲書Department of
　Health=2009: 182）と釘を刺しています。虐待等、重大な侵害を除いて、専門職同士が
　行うような情報共有をアドボケイトは行いません。他言しない存在だからこそ、子ども
　が安心して話せるのです。

6. アドボケイトの活動事例

(1) イギリスの事例——〈内海〉に潜る

　ここからは、アドボケイトの実践例を用いながら、よりイメージを深めていきたいと思います。先ほど述べた独立アドボケイトの「酸素ボンベと水中ノートを渡す…」とはどのような意味なのでしょうか。ここでは、イギリスの例をあげてみたいと思います。イギリスでは、社会的養護に関する意思決定の場に、子どもが出席する権利があります。子どもの参加をサポートするために子どもはアドボケイトを利用することができます。

　会議の前に、子どもと2～3回会い、サッカーやゲームをしてアドボケイトの人柄を知ってもらい、アドボケイトを利用するかを決めてもらった後、会議の説明や会議に参加したいか、どのように会議で話すかを決めます。会議で自分の思いを話すために、さまざまな手法がとられます。

　「スターチャート」という手法では、用紙の真ん中に子ども自身の絵を描いてもらい、その周辺に☆（星）の紙を貼り、☆の上に大切な人の名前を書きます（図2-10）。そして、その大切な人に何を言いたいかを書いてもらう作業などを通じて、子どもの思いを発見していく作業を行います[16]。筆者が2010年に現地で見せていただいたAさん（6歳）の事例[17]をみてみましょう。会議の議題は、一時保護後の対応についてでした。Aさんは「ママ」に対して、「お酒を飲むなら家に帰らないよ」「私を叩くのは好きじゃない」と言いたいことを書きまし

16 栄留里美（2011）「ウィルトシャー州における独立アドボケイトの実際——ファミリー・グループ・カンファレンスを中心に」堀正嗣編『イギリスの子どもアドボカシー——その政策と実践』明石書店、101～116頁
17 前掲書、栄留（2011）

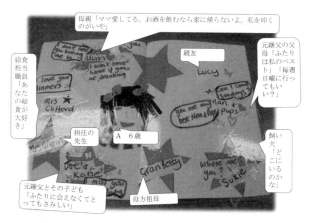

図2-10　子どもの気持ちを聴くツールとしての「スターチャート」

た。これは、確かに議題に即した気持ちです。その一方で、Aさんは大切な人の名前に、給食担当者や元継父や飼い犬、友達を書き、会いたいなど、言いたいことを表明しています。おとなが知りたい情報だけではない、子どもが感じている「問題」を掘り起こして議題の材料としているのです。

　アドボケイトは、このスターチャートを持って、子どもとともに会議に参加し、子どもの思いが反映されるようにしていきます。イギリスにはこのようなツールが豊富にあります。子どもは意見を言えないとみなすのではなく、どうしたら意見を伝えられるか、加えて楽しんで行うという視点でそのツールを開発していく必要があります。

（2）日本での訪問アドボカシー事例──〈内海〉に潜ってみた

　筆者はイギリスのアドボケイト活動をモデルに、日本の児童養護施設に毎週訪問する「施設訪問アドボカシー」試行実践にかかわってきました。アドボケイトとして活躍した人たちの二つのエピソードを紹

介することでイメージを持ってもらいたいと思います。

◆ 小学高学年あすかさん（仮）のケース * 18
　アドボケイトが一人ひとりの願いを聴いて、それを自立支援計画に
ある子ども本人の意向の部分に反映させて実現するプロジェクトを行
いました。
　あすかさんにプロジェクトのことや守秘義務（伝えたいことだけを伝
える）を説明し、アドボケイトとの面談を希望するか尋ね、了解を得
ました。「そんなことはしたくない」という子どももいますので、そ
ういう場合はすぐに終了です。この時は、アドボケイトは三人しか選
択肢はなかったのですが、話しやすいアドボケイトを子どもが選んで
くれました。
　アドボケイトは、本人以外からは情報を得ません。そのため、障害
のことやその子どもの家族についてなど何も知りません。本人主導で
すすめるためです。アドボケイトはあすかさんと複数回面談しました。
あすかさんは、アドボケイトが持っていたタブレットに関心を持ち始
めました。あすかさんは、文字をタイピングすることが好きな子ども
だと分かりました。
　そこで、アドボケイトはパワーポイントに、職員に言いたいことや
親としたいこと、将来したいことなど質問を事前に記入しておきまし
た。そこにあすかさんが予測変換を使いながら書き込んでいきました。
　家族と「リーレがしたい」とタブレットに記入しました。その意味
を聴くと「リレーをしたい」とのことでした。
　何を職員に伝えたいかを確認し、職員・子ども・アドボケイトで話
し合いをしました。職員は「そんなふうに思っていたの」と驚いた声

---

18 栄留里美・鳥海直美・堀正嗣・吉池毅志（2021）『アドボカシーってなに？──施設訪
　問アドボカシーのはじめかた』解放出版社を参照。

で話し、どうしたらいいか考えてくれました。あすかさんの願いに沿って、父親とマラソン大会に出場。にこやかにゴールしました。

　職員はこれまで「どうしたらあすかさんに一番よいのか」と想像しながらも、本人の思いが分からないこともあり、他の子どもと同様に親子交流は昼食を共にして終わっていたと話してくれました。

　この自立支援計画立案から半年後、担当職員に話を聴きました。担当職員は「これまでは子どもに何をしてあげるかを考えていた。でも、今回のことで子どもが思っていることはなんだろうと思うようになった」と語りました。私が「それは何かアドボケイトがボタンを押したような感じなんでしょうか」と尋ねると「エンジンをかけてくれた」と表現しました。アドボケイトの働きかけは、何か新しいことをしたわけではなく、もともと持っていた職員の力を発揮する契機となったのでした。その後も、この職員は次々に子どものしたいことに焦点を当てた親子交流の活動を行っています。

◆職員の言い方に不満があって暴れる、小学高学年のえのんさん（仮）

　アドボケイトが訪問した日でした。別の子どもの面談をしていた時、えのんさんの部屋からドンドンという壁を蹴る音がしました。普段はおだやかな子どもだったため、どうしたのだろうかと感じたアドボケイトは、本人に理由を尋ねました。職員から怒られ部屋のテレビを没収されたとのこと。本人曰く、「なぜそうしたのか」という理由も聴かされなかったとのことでした。

　アドボケイトは本人の感じている怒りに耳を傾け、思いに寄り添いました。本人と話をしていくうちに、納得いかないという気持ちよりも、職員の言い方が嫌であることが分かりました。アドボケイトがどうしたらいいか尋ね、どう言ってほしいか書き出しました。

フレームチェンジ（抜粋）

・急に感情をぶつけられる

➡ 声のボリュームを小さく、テンポは遅めに、優しいトーンでこ
えかけしてください。

・「うるさい！」「静かにして！」

➡ 「ちょっと静かにしよ〜♪」と優しい口調で言ってもらいたい。

・「あやまってー！」

➡ 「どうしたの？」とまず、話を聴いてほしい。その後、「謝ろ
うか」と言ってもらえると「わかった」となる。

　えのんさんの提案で職員にこのフレームチェンジを渡し、職員会議
でも配られました。職員も子どもの「声」に寄り添いたいという努力
のおかげで、言葉遣いが変わっていきました。後日えのんさんにも話
を聴くと、職員の対応は「良くなった」と語ってくれました。

　あすかさんの事例もえのんさんの事例も、子ども側から本人の思い
を引き出し伝え、そして実現に至りました。決して簡単な道のりでは
ありません。そもそも子どもが聴かれた経験が少ないので「話をす
る」ということが「アドボケイト側が紙芝居で『おはなし』をしてく
れるのだろう」と待っている子どももいます。また色々と話してくれ
たものの「伝えたくはない」という子どもの方が多い場合もあり、代
弁をするつもりのアドボケイトはジレンマを感じます。でも、それが
子どもの指示なのでそれに従います。

　また、えのんさんの事例は「わがままではないのか。それも受け止
めるの？」ととらえる人がいるかもしれません。アドボケイトは「わ
がままかどうか」は判断しません。子どもが聴いてもらえなかったこ

とを伝えるということに徹するのです。当事者ではなく第三者だからこそ、冷静に子どもの側に立とうとすることができるというメリットがあります。本人からしか情報を得ない、子どもの言いたいことだけを伝える方法は、おとなが知り得なかった「声」を拾うことができるため、おとなにとっても意味のあることになると考えます。

7. アドボケイトのポジショナリティを問う
──ヘリコプターから「いつもの支援者」が降りてくる?!

　ここまで独立したアドボケイトの特殊な立ち位置や役割を述べてきました。しかし、アドボケイト自身も常に自分の立ち位置、価値観を問わなければ、今度はアドボケイトが子どもを抑圧する側になったり、他の支援者を補完するような役割になってしまうことになりかねません。アドボケイト固有の役割は何かということを繰り返し問う必要があるのです。つまり、独立した立場でヘリコプターに乗っているつもりでも、乗っている人が支援者と同じでいいのか、または専門性のない人であれば意味があるのだろうかという点などです。

　二つの実例をあげましょう。先ほどのあすかさんの事例。実は、アドボケイトは子ども本人が言っていないことまで心配していました。本人が自分の名前をアルファベットで書こうとして困っていることに気づきました。「もうすぐ中学生になるのにアルファベットが書けないのは、これから学習に困るのではないでしょうか。職員さんたちは知っているのでしょうか」と気になり始めたのです。アドボケイトは、「子ども本人は『困っている』と言っていないが、施設職員に伝えて改善を求めたほうが良い」と言いました。しかし、それは「子ども主導」や「最善の利益をとらない」というアドボケイトの原則とは異なります。

この事例に、私は、スーパーバイザーとしてかかわっていました。「それは本人が望んでいることですか？」と尋ねると、アドボケイトは「違う」と言います。もちろん、「どうにかしてあげたい」という気持ちが出てくるのは自然なことかもしれません。ただ、本人の思う主観的な願いを伝えることがアドボケイトの役割です。支援者の立場を長くやっていた人ほど、結末を予想してしまい、アドボケイトに徹することは難しいことかもしれません。

　もう一つ例をあげます。中学生の代弁をしようとしたアドボケイトの話です。職員にれいさん（仮）の言葉を伝えようと「れいさんより、伝えたいことです。いつも朝…」と言いかけた時に、れいさんが「私の前で言うの？　いろいろ腹が立つけど、朝練のために早起きしてくれてありがとうだし、一字一句間違わないでよ！」と少し怒ったように言われたというのです。事前に、代弁方法を十分に確認していなかったことが要因でした。それからは言いたいことを文字にして、いつどこでどのように伝えたいか、子ども本人が伝えアドボケイトが付き添うかといったことを改めて確認しています（図2-11）。

　ただ、このれいさんの事例。後日行われたインタビュー調査で、この代弁を通じて、れいさん本人が自分からも感謝を伝えられるようになったことを語りました。はからずも自分の気持ちを伝えた場面で、「職員の方がうれしそうだったから」と

図2-11　手紙を書くのをサポートするアドボケイト

のことです。確かに代弁方法には改善が必要ですが、本人にとっては話す契機になったこと、周囲のおとながきちんと本人の意向を聴いて考える環境をつくること、そのことには貢献した事例になりました。

　アドボケイトは、日本では始まったばかりの実践です。子どもの側に立ち続ける仕組みの一つになるように常に反省し続けるトレーニングやスーパーバイズの仕組みが不可欠です。

8．子ども差別からの解放のために
――〈水位〉を下げて環状島の地形を変える

　最後に、アドボカシーの最終目的について述べたいと思います。アドボカシーは、単に語れない人のサポートではありません。「語れない」とみなす人や社会を根本的に変えること、それが最終目的だと考えています。

　環状島でいえば、島の存在を見えるようにするために〈水位〉を下げ、子ども・若者へのまなざしを変えるという意味での地形を変えることです。それは、第1章で長瀬が述べた子どもの権利を基盤とした社会をつくっていくことと重なります。

　私が最も好きなアドボカシーの定義であるメルトンさん（Melton, 1987）の定義を以下に紹介します。

　　　（アドボカシーは）子どもをエンパワーし、社会資源を活用することを可能にする。子どものアドボケイトは、子どもの地位を高め、彼らに影響を与えている制度が子どもにより良く対応し責任を果たすものになるように働きかける。アドボカシーは、子どものために行うソーシャルアクションによって成り立っており、自己決定力を高めるか、あるいは子どもたちが利用する権利をもつ社会的、教育的、医学的資

源の質を向上させることでもある。子どもアドボカシーは資源を再配置するために権力関係を再分配しようとするものであるから、本来的に政治的行為である＊19。

　この定義にもあるように子どもアドボカシーは、子どもの地位を高め、制度の質を高めること、自己決定力を高めること、そして「権力関係を再分配」するものなのです。語れない人の個別のサポートという意味に留まらない行為であることが明確に示されています。すなわち、すでに述べたアダルティズム（子ども差別）からの解放を目指すことだといえるでしょう。

　障害者運動のスローガンとなってきた「私たちのことを私たち抜きに決めないで」という言葉のように、子どもの分野でも「子どもたちのことを子どもたち抜きに決めないで」という運動が盛り上がってほしいと思います。次につづく永野の論考は、そうした運動が日本で、そして世界でどのような状況であるかを示唆するものでしょう。筆者たちは、現在では当たり前になっている既存の仕組みを問い直す必要があると考えています。

　そのためには、独立したアドボケイトだけではなく、専門職を含め皆がその視点で今の仕組みを見直すことから始める必要があります。たとえば、子どもにかかわる職員の採用＊20・ケース会議・計画立案・担当職員を決める時・ルールを決める時など子どもが排除されている仕組みはたくさんあると気づくことでしょう。

　「アドボカシーとはライフスタイルである」、これはカナダオンタリ

---

19 Melton, G.（1987）Children, Politics and Morality: The ethics of child advocacy. Journal of Clinical Child Psychology, 16（4）, 357-67.

20 イギリスではソーシャルワーカーの面接でもNGOの面接でも必ず子どもが複数人参加しています。堀正嗣編著、栄留里美・河原畑優子・ジェーン・ダリンプル著（2011）『イギリスの子どもアドボカシー──その政策と実践』明石書店

オ州初代アドボケイトのジュディー・フィンレーさんの言葉です。ア
ドボカシーは特別な仕組みをつくることだけではなく、その思想は普
段の日常的な生活においても息づくものです。子どもの参加を意識し、
ケース会議で「当事者である子どもはどう思っているのでしょうか？
ケース会議で発言してもらったらどうでしょうか」と発言することか
ら始まるかもしれません（図2-12）。アドボカシーの文化を構築する
鍵は、あなたの一言・あなたの一歩から始まるのです。

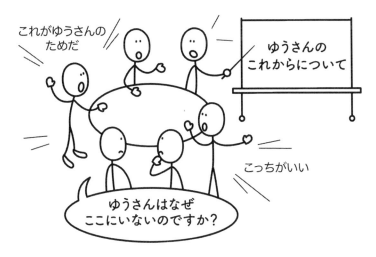

図2-12　当事者不在を疑問に思うことから

1. アドボカシーとは

アドボカシーとは権利を侵害されている当事者のために、当事者とともに「主張（唱道、弁護、支持）する」ことです。個人のアドボカシーから、行政や政治を動かす政策提言といったシステムアドボカシーと範囲は広くあります。

2. 担い手は

教師・福祉職など専門職が行う「フォーマルアドボカシー」、親や近所の人たちが行う「インフォーマルアドボカシー」、友達や同じ背景を持つピアが行う「ピアアドボカシー」があります。

子ども自身が「声」をあげるのは「セルフアドボカシー」です。これこそが中心になります。

3. 独立アドボケイトって

既存の専門職が聴いてくれない場合、権利侵害を受けている場合、障害や年齢によって「声」をあげにくい場合、子どものもとに行きサポートする「独立アドボケイト」の制度化が検討されています。既存機関からの「独立性」、子どもが過程を導く「子ども主導」、重大な侵害がない限り他の専門職に伝えない「守秘」、「エンパワメント」の原則があります。

4. アドボカシーは子ども差別を終わらせること

アドボカシーは、子どもたちが「語れない」と見なす人や社会を根本的に変えることが最終目標。

　既存の支援の仕組みが子どもを排除していないかどうか点検するところから始めましょう。

オンブズマンと
アドボケイトの違いは？

栄留 里美

　オンブズマン（オンブズパーソン・コミッショナー等）とアドボケイト、どう違うのかとよく質問されます。

　日本にも、子どもを対象とした第三者の機関はあります。教育分野では教育委員会、児童福祉分野では児童福祉審査会などがあります。兵庫県川西市をはじめとした子どもオンブズパーソンや福祉オンブズマン、神奈川県の権利擁護機関「人権・子どもホットライン」や東京都の「子供の権利擁護電話相談員」や「子供の権利擁護専門員」があります。それらは調査権限を持っており、人権救済と調整を行っています。私も福岡県宗像市の子どもの権利救済の委員を4年間させていただきました。

　これまで述べてきた「アドボケイト」と何が異なるのでしょうか。前記の機関は子どもの立場だけに立っているのではないということです。公正中立な立場で権利侵害かどうかを調査し、勧告や調整を行っていきます。むしろ公正中立でなければ、客観的な調査を行うことはできないでしょう。

　日本の子ども分野における「権利擁護」研究の第一人者であり、権利擁護に関する政策にも影響を与えた許斐有さんは、子どもの権利を保障するために、①人権救済を申し立てるシステム、②子ども自身がその権利を主張もしくは行使できない時に、子どもの権利を子どもの

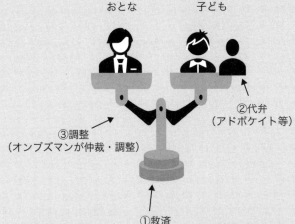

図　オンブズマンとアドボケイトの主な違い

立場に立って代弁するシステム（「代理人もしくは適当な団体」の設置）、
③第三者的立場から調整するシステムが含まれる必要性について述べ
ました*。この三つの機能は、その後多数の研究者が引用し、神奈川
県および東京都の人権救済機関の機能を説明する際にも使われていま
す（図参照）。

　この三つのうち、①の人権救済と③の調整機能は前述した独立機関
に明確に含まれています。②の代弁機能についてはどうでしょうか。
代弁機能は、許斐によれば子どもの立場に立つことを求めています。
よく第三者の権利擁護のシステムには「公正中立」と謳われているの
で、①と③が主に取り入れられているようです。

　もちろん、子どもの公的第三者機関の場合、子どもからの申し立て
によって、あるいは申し立てがなくとも、子どもの権利が侵害されて

＊　許斐有（1991）「児童福祉における『子どもの権利』再考──子どもの権利条約の視点
　　から（今日の児童問題と児童憲章40年──高齢化社会のなかで〈特集〉）」『社会福祉研
　　究』52、49〜55頁

いると分かった場合には調査勧告を行う権限が多くの場合あり、子どもの意向を聴いて動くという意味では代弁機能も行っていると考えられます。

しかし、公平に調査を行っていく機関が子どもの意向に沿い続けることはシステム上難しいのです。

たとえば、裁判の仕組みを考えてみると分かりやすいかもしれません。加害者と被害者の双方の意見や証拠を踏まえて審判を下す裁判官は中立でいなければなりません。裁判官が一方のみを弁護するのでは裁判になりません。だからこそ、アドボケイトが別にいることは意味があります。特に子どものように、苦情申し立ての手続きの支援、言いたいことをまとめるための支援、精神的なサポートが必要である場合、そしておとなと子どもの力関係が明らかにある場合にアドボケイトをつけることができるようにすべきです。

現に、イギリスは4つの州すべてに子どもオンブズマンのような「子どもコミッショナー」が設置されていますし、苦情解決の手続きシステムもあります。それとは別に独立アドボケイトが子どもコミッショナーや苦情解決手続きにつなげたり、その申立の過程で子ども側の主張を代弁していく役割を果たしているのです。

筆者は、このようなオンブズマンとアドボケイトの両方が必要だと思っています。先進的な地域には子どもの権利救済機関のようなオンブズマンがありますが、日本では34自治体（市含む）に設置されていて、それは自治体全体の2％に留まっています。国連子どもの権利委員会は、毎回の審査で日本政府に子どもの権利の監視勧告を行うオンブズマンの仕組みを導入すべきであると指摘しています。国レベルのオンブズマンの仕組み、都道府県の仕組み、そして個別の子どもの代弁を行うアドボケイトの仕組み、そのすべてが求められると考えています。

第3章

社会的養護における
当事者参画
——環状島の上から「叫ぶ」

永野 咲

　社会的養護を必要とした経験をもつ若者たちが、さまざまな背景や（トラウマを含む）経験を背負って環状島を登っています。そして、環状島の〈尾根〉にともに立つ人々—当事者の仲間たちや非当事者の支援者たち—と、「声」を上げ、叫ぼうとしています。その道程はどのようなものなのでしょうか。また、叫んだその「声」が、社会的養護の環状島に、そして、私たちの生きる社会に、どのような変化をもたらすのでしょうか（図3-1）。

　この章では、社会的養護のもとで育った若者たちの「声」や「叫び」を「当事者参画」の視点から考えていきます。そのなかには、社会的養護の環状島の〈内海〉から這い上がり、〈内斜面〉を登り、「声」をあげていくこととその困難さ、環状島の〈尾根〉にともに立つ当事者と非当事者のポジショナリティについての整理を含みます。また、「当事者参画」のなかでも制度や政策を変えるユースアドボカシーに焦点を当て、「声」や「叫び」がどのような変化をもたらすのか、環状島モデルから再考していきます。

　この視点や道程は、社会的養護に限らず、特に困難な状況におかれた子ども・若者が「声をあげる」ことや参画することについて大きな

図3-1　環状島の〈尾根〉の上で

ヒントを含んでいるでしょう。

1.　当事者参画の整理
──セルフアドボカシーとユースアドボカシー

　まず、「当事者参画」を考える前に、「いつ、誰が、何に」、「声」を
あげ参画するのか、という整理から始めたいと思います。
　社会的養護の領域における「当事者参画」は、その時間軸によって、
あげた「声」が届く対象が異なってきます。それは、社会的養護の制
度が、主に児童福祉法によって支えられているため、支援やサービス
が受けられる期間が年齢（主に18歳）によって決められ、自分のケー
スに「声」を届けられる期間に限りがあるからです。
　一つ目の「いつ、誰が、何に」は、「社会的養護にいる時、自分が、

自分のケアに」参画するものです。社会的養護のケアのもとにいる時（インケアとも呼びます）には、あげた「声」は、直接、自分のケース―たとえば、保護や措置、これからの「計画（プラン）」に反映されることになります。こうした参画は、自らの状況について、自らが「声」をあげる点で「セルフアドボカシー」といえます。また自分のケースに影響を与えるという点で「ケースアドボカシー」ともいえます。第2章で確認した独立アドボカシーが対象とするのもこの時期です。

　二つ目の「いつ、誰が、何に」は、「社会的養護を離れた後に、ケアを経験した当事者が、次世代のケアや制度に」参画するものです。措置を解除された後、自身の経験をもとに「声」をあげる若者たちがいます。ケアのもとであげることができなかった「声」、徐々に整理され気づいた「声」は、次世代の仲間（ピア）のためにピアが「声」をあげるという点で、「ピアアドボカシー」といえますが、特に、ケアを経験した「若者たち（ユース）」によってなされることから、米国では「ユースアドボカシー」と呼ばれます。また、その「声」は、社会的養護にまつわる制度を変えていくことを目的とすることが多く、システムを変えていくという点で、「システムアドボカシー」ともいえます。まず、この2つの「参画」を考えていきます（図3-2）。

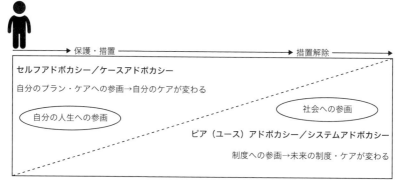

図3-2　いつ、誰が、何に参画するのか

（1）自分の人生への「参画」
──セルフアドボカシー／ケースアドボカシー

1）コントロール権を奪われた人生

　第2章でも登場したように、障害のある人々が自立生活を実現しようとする運動のなかでスローガンとされてきたフレーズに「私たちのことを、私たち抜きで決めないで（Nothing about us, without us.）」という言葉があります。自分たちに関することを決定する時には、自分たちの話を聞いてほしいという、とても基本的な願いです。しかし、社会的養護のもとでは、自身のケアや計画であるにもかかわらず、子どもたちの意見や「声」が十分に聴かれないまま、重要なことが決定されていくことが多くあります。たとえば、保護や措置に際しても、どうして家庭から離れなければならないか、どうして帰れないのか、これからどこで誰といつまで暮らすのかといった、自分の人生にかかわる重要な事項が、周囲のおとなたち（社会）に次々と決められていったと感じている子どもたちがいます（図3-3）。

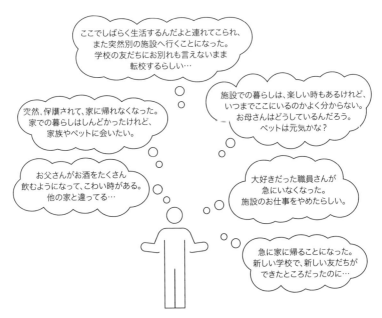

図3-3　自分の人生が「誰か」に決められていく

　子どもたちは、いわば、自分の人生で
ありながら、あらゆる時点で自分の人生
の主人公でいることが許されず、コント
ロール権を奪われてきたといえます（図
3-4）。

図3-4　車の運転席に座って
いるけど、ハンドル
は誰かが握っている

　その一方で、家庭の状況や年齢によっ
て社会的養護の終わりがくれば、措置が
解除され、その途端に子ども／若者には、
同年代よりも早期の「自立」が求められ
ます。それは、自分一人の力で生活のすべてを担い、自分の人生のす
べてに自己決定・自己責任を求められるということでもあります。そ
れまで自分の人生や生活にまつわることを自分でコントロールするこ
とのできなかった若者たちが、措置解除の日から突然「好きなように
（そして、自立して、しっかり）生きるように」とコントロールのハンド
ルを渡されても、どちらへ行けば良いのか、その先に何があるのか、

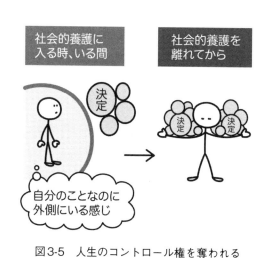

図3-5　人生のコントロール権を奪われる

誰が応援してくれるの
か、見通しを持つこと
は難しいのが想像にか
たくありません。

　このように、社会的
養護を必要とした子ど
も／若者期に、自分の
生活や人生が、自分以
外の誰かにコントロー
ルされているような状
況であったにもかかわ
らず、ある日を境にポ

イと放り出されてしまうような感覚は、後にも述べるように、自分の人生に「声」を上げにくくする大きな要因であると考えられます（図3-5）。

2）決定に参加と対話を

　社会的養護のもとで子ども・若者が人生のコントロール権を奪われる状況は、日本だけでなく、アメリカやカナダの若者からも聞くことがあります。同時に、北米、オセアニアや北欧の一部の国では、ケアやプランの決定の場に家族や子ども、つまりケースの当事者が参画する取り組みが行われていることも学びました。海外の取り組みをそのまま日本に当てはめればうまくいく！　というような簡単なことではありませんが、良いシステムや取り組みを知ることは、日本の実践をより良くしていくための大きなアイディアを得ることになると考えています。こうした目的で、本章では、システムや取り組みとしては先進の北米の実践を中心にご紹介します。

　では、早速どのように計画・プランへの参画が行われているのかみていきたいと思います。たとえば、アメリカ合衆国ワシントン州では、「共同プランミーティング（Shared Planning Meetings）」という、子ども家庭局と家族や子どもが安全に情報を共有し、対話し、計画・プランを作るためのモデルがあり、12のタイプのミーティングが示されています。その一つが、家族の意思決定ミーティング（Family Team Decision Making Meeting: FTDM）です。FTDMは、州の法律に明記され、家庭からの分離や措置変更、家庭再統合などの重大な決定をする場合に、これに先立って開催されます。緊急に保護が必要だった場合には、保護後の72時間以内に開催するよう定められています。このミーティングには、ケースワーカー、両親、里親や施設職員などのケアギバー、両親とユースそれぞれの弁護士、該当する場合には部族の代表、

サービス提供者、家族の支援者、親族、友人、他機関の支援者や代弁者が召集されます。このなかには、12歳以上のユース本人も出席でき、14歳以上のユースの場合には、自身が選んだ2人の参加者（ケースワーカー、ケアギバー以外）も出席することができます。

　日本においても、一部の児童相談所等において、子どもや家族を中心とした会議（ミーティング）の取り組みが行われてきました。日本に比較的早期に紹介・導入されたのは、ファミリー・グループ・カンファレンス（FGC）という手法です。これは、ニュージーランドで開発されたもので、問題を部族内の話し合いで解決するというマオリ族の習慣に由来し、専門職と家族の協働作業によって、問題解決に向けたプロセスを導き出すものです。ここで大事なことは、安全が確保され、開かれた対話の場が用意されている、ということです。おとなたちの事情や決定に翻弄されるなかでは、子どもは自分の気持ちに向き合ったり、その気持ちを伝える機会を得ることが難しいものです。こうした対話の場があることで、子ども自身が家族の気持ちや問題を確認したり、自分の気持ちを伝える手助けとなります。

　2016（平成28）年の児童福祉法改正を受け、2017年夏に出された「新しい社会的養育ビジョン」[*1]では、「すべての局面において、子ども・家族の参加と支援者との協働を原則とする」ことが示されています。このなかでも「参加とは、十分な情報を提供されること、意見を表明し尊重されること、支援者との適切な応答関係と意見交換が保障されること、決定の過程に参加することを意味する」と示されています。今後、子どもたちの意見や「声」が、自身のケアや暮らしに響き、自分の人生に参画できることは必須の実践となっていくでしょう（図3-6）。

1　新たな社会的養育の在り方に関する検討会（2017）「新しい社会的養育ビジョン」

図3-6　プラン決定の場に当事者参画を

（2）社会・制度への「参画」
──ユースアドボカシー／システムアドボカシー

　参画の次の時点は、社会的養護のもとでの時間がすすみ、家庭復帰や年齢によって措置が解除されたあとの時点です。措置解除後にも自分たちの経験を「声」としてあげていくことで、社会的養護の制度を変えようとする「ユースアドボカシー」です。前述したようにこのユースアドボカシーは、社会的養護のシステムを変革することに焦点化されています。この根底には、実際にケアを受けた当事者こそが、社会的養護の「プロフェッショナル」だという信念があります。そして、自ら経験したからこその視点で、次世代のために制度を変えようとしています。

　以降、このユースアドボカシーについて考えていきます。

2. 環状島の〈尾根〉へ上がる

(1) 社会的養護領域における当事者団体

　ユースアドボカシーの盛んな国をみると、その中心には当事者ユースを中心とした当事者団体があります。

　イギリスでは、1975年に「Who Cares? Groups」のモデルとなった「London Who Cares? Group」が結成されています[2]。また、カナダ・オンタリオ州では、1978年にオンタリオ州子ども家庭アドボカシー事務所（The Office of Child and Family Advocacy）が開設され[3]、1985年に同州に若者たちのサポートを行う「パーク（Pape Adolescent Resource Centre: PARC）」が設立されました。同時に、ユースの全国ネットワークである「ユース・イン・ケア・カナダ（Youth in Care CANADA）」も誕生しています。アメリカでは、カナダの活動に影響を受け、1988年に後に全米の当事者参画のモデルとなる当事者グループ「カリフォルニア・ユース・コネクション（California Youth Connection: CYC）」が活動を開始し、組織的・戦略的な政策提言を続けています[4]。

　一方、日本において、社会的養護のもとで育った若者たちが、「声」を持ち、活動することを「許された」のは2000年に入る頃でした。イギリスやカナダ、アメリカで、1970年代後半に当事者団体やネットワークの活動が誕生していた状況をみると、日本の社会的養護領域での当事者活動・当事者参画は20〜30年の遅れがある（そして、今なお参画の試行錯誤が続いている）といえます。

2　津崎哲雄（2009）『この国の子どもたち：要保護児童社会的養護の日本的構築』日本加除出版

3　畑千鶴乃・大谷由紀子・菊池幸工（2018）『子どもの権利最前線 カナダ・オンタリオ州の挑戦——子どもの声を聴くコミュニティハブとアドボカシー事務所』かもがわ出版

4　アイデ・クーザ（2019）「当事者参画に力をそそぐ」『子どもの虐待とネグレクト』21（1）

（2）日本の当事者参画の系譜——2000年代から現在まで

1）萌芽期—2000年代

日本における社会的養護の領域での当事者活動の「歴史」は、カナダのオンタリオ州で学んだ当時の高校生・大学生たちが2001年に大阪でChildren's Views and Voices（CVV）を立ち上げた時に始まったと考えています。その後、2006年に東京にNPO法人社会的養護の当事者参加推進団体日向ぼっこ（当時）[5]が誕生しました。「日向ぼっこ」は2008年にNPO法人化し、東京都の事業を受託、（おそらく）日本初の職員体制をもった社会的養護の当事者団体となりました。以降2008年には千葉に「社会的養護の当事者参加民間グループ　こもれび」[6]、名古屋に「社会的養護の当事者推進団体　なごやかサポートみらい（当時）」[7]、鳥取に「地域生活支援事業　ひだまり（レインボーズ）」、2009年には栃木に「社会的養護の当事者自助グループ　だいじ家」が結成されました。

この間に活動を開始した団体の特徴は大きく二つに整理することができます。第一に、措置解除後のアフターケアを、事業化して提供するグループです。これは、退所児童等アフターケア事業（現在の社会的養護自立支援事業）が制度化された際に、「当事者相談員」を置くことを要綱に定めた自治体があり、当事者団体へその事業委託がすすんだ結果と考えられます。その後も、当事者団体にアフターケアの機能が期待されたことから、これらのグループのなかでは当事者参画よりも「自立支援」機能に活動を絞っていく動きもみられました。

5　現在は、「NPO法人日向ぼっこ」となり、当事者団体ではなく「多様性が尊重される社会の実現」を目指し活動する団体となっています。

6　2020年現在の活動状況は不明です。

7　現在は、「特定非営利活動法人なごやかサポートみらい」となり、社会的養護のもとで暮らしている子どもたちや育った方に対して、就職・進学や生活の相談等、自立支援に関する事業を行っています。

　もう一つのグループは、個別・小規模で当事者同士が支え合い、依頼によってさまざまな活動をするグループです。こうしたグループは、中心となる当事者の活動状況が団体の存続を左右するため、いくつかの団体では活動の継続が困難になっていったと考えられます。2000年代には、団体間での交流も試みられましたが、さまざまな軋轢から実質的な当事者を主体とした交流とはなりませんでした。

　私は、この「萌芽期」から当事者団体に非当事者という立場の職員として、サポーターとして、かかわってきました。「自分たちがされていやだったことが繰り返されないように、声をあげる術を知らない人たちが声をあげられるように、そして、社会的養護のもとに育ち苦しみを抱えている人たちが『生きているって悪くないな』と思えるように」*8という思いから、当事者の友人たちと立ち上げた団体の結成5年後には、「超個人的な意見」と明記したうえで、当時の当事者活動に対する批判的な視線への防御が散りばめられています（永野2011）。

　　時に、こうした集まりが「傷のなめ合いだ」と批判されることがある。しかし、これまで誰にも癒されなかった傷があるなら、なめ合い癒しあうことくらい許されてもいいのではないだろうか。
　　振り返れば、（中略）当事者団体としての活動を始めてから、「こうして欲しかった」という意見表明が、ただ「文句を言っている」とだけ捉えられてしまうことのないよう慎重に言葉を選んできたように思う。
　　それぞれの当事者が発言することに「正解」や「不正解」があるのだろうか、と考えている。「自分はこう感じた」という主観を排して、養育者や施設側の事情を汲み、機関の過酷さに配慮した「正しい」形での意見表明が本当に必要なのだろうか。問題解決策を提示するのは、誰の役割なのだろうか。

8　NPO法人社会的養護の当事者団体日向ぼっこ（2009）『施設で育った子どもたちの居場所「日向ぼっこ」と社会的養護』明石書店

今、社会的養護のもとでの生活を経験した人たちの声は、発信を許されるだけでなく、正当に受け取られ、生かされる段階にきているのだと思う*9。

2）黎明期―2010年から現在

　こうした2000年からの約10年を「萌芽期」とすると、2010年以降の新たな当事者団体の誕生は、社会的養護における当事者参画の新たな流れを感じさせるものです。

　2013年の設立以降、日本とアメリカの交流を通して、社会的養護の当事者たちの社会参画を強調したプログラムづくりを行ってきたのがNPO法人インターナショナル・フォスターケア・アライアンス（International Foster Care Alliance: IFCA）です。アメリカで蓄積されてきた参画のための考えやツールを日本に取り入れつつ、「当事者参画」「ユースアドボカシー」に特化した活動を行っています。私は、2016年からIFCA（イフカ）の活動にかかわり、萌芽期からこれまでの当事者活動に必要だった仕組みを考えています。

　また、2017年には、カナダ・オンタリオ州の取り組みに倣った「Our Voice」も活動を開始しました。ほかにも、SNSを使った当事者による発信や支援活動も広がっています。2018年からは、年に1回各地の当事者団体や個人が集う全国交流会が厚生労働省の事業として行われるなど、新たな動きをみせています。

9　永野咲（2011）「当事者活動の今を考える」『子どもの虐待とネグレクト』13（3）、363
　～368頁

3. 当事者参画を脅かすもの
──環状島の〈尾根〉に吹く〈風〉と〈重力〉・〈水位〉

　新たな動きが生まれつつあるものの、イギリスやカナダ、アメリカ
と比べて、日本の社会的養護を経験した若者たちが、当事者として
「声」をあげていくこと―社会的養護の環状島を登り、〈尾根〉から叫
ぶこと―が、困難であった、そして今もなお困難なのは、なぜなので
しょうか。日本の社会的養護の当事者参画における萌芽期と黎明期の
両時期にかかわってきた者として、整理を試みたいと思います。

(1)「声」を奪い口を閉ざさせる〈重力〉──トラウマと不利
　宮地尚子さんによれば、環状島の「〈重力〉とはトラウマがもつ持
続的な影響力、被害を受けた個人にもたらされる長期的なトラウマ反
応や症状そのもの（2007: 27)」[*10]です。
　近年、トラウマの特徴を理解しながらかかわるアプローチ「トラウ
マ・インフォームド・ケア（Trauma-Informed Care: TIC)」への注目など、
子どもの福祉の領域でもトラウマがもたらす深刻な影響の理解がすす
みはじめました。トラウマや逆境（adversity）は、人を無力化し、希望
を失わせます。そして、人とのつながりを断絶させ、孤立させます。
だからこそ、人とのつながりを取り戻すことが、トラウマへの最大の
防御となるともいえます[*11]。
　社会的養護を必要とする子ども・若者たちのすべてが、トラウマを
体験しているわけではありませんが、それまで過ごした家族や環境と
の分離（別れ）を含めると、社会的養護のもとにいる／いた若者たち

10　宮地尚子（2007）『環状島＝トラウマの地政学』みすず書房
11　野坂祐子（2019）『トラウマインフォームドケア──"問題行動"を捉えなおす援助の視
　　点』日本評論社

のほとんどが逆境を経験していると考えることもできます。

　逆境的な環境で育った子どもやおとなたちにとって、自身の感情に気づくことは、自分を振り回し、つらくさせるだけのやっかいなことでもあります。また、子ども時代に自分の感情を表した時、叱られたり、拒否されたり、虐待されたり、無視されたりした経験を重ねていけば、感情を表出することが危険で無意味なことだと考えるようになります。そのため、感情を自覚し、適切にそれを表現し、さらには他者の気持ちを理解できるようになるには、感情に焦点を当てた取り組みが不可欠です。しかし、社会的養護のもとでこうした手当てはまだ十分ではありません。環状島を登ろうとする時、こうしたトラウマ反応や逆境体験の影響が〈重力〉となり、一歩を重たくするのだと理解することができます。こうした「声」の特徴については、第1章に書かれています。ぜひ参照してください。

　また、社会的養護のもとで育った若者たちのその後の生活状況が厳しいものであることも〈重力〉となると考えられます。たとえば、教育機会の格差をみれば、児童養護施設のもとでの高校中退率は17.2％で、これは、社会全体の高校中退率1.7％と比較するとおよそ10倍の高さです。また、児童養護施設等からの大学等進学率は、2020（令和2）年5月1日現在の進路で、全高卒者が52.7％のところ社会的養護からの進学率は17.8％となっています[12]。10年前に比べれば、さまざまな奨学金制度等が創設されてはいますが、依然として格差が大きいといわざるを得ません。さらに、措置解除となった若者の生活保護受給率は、同年代の受給率の約18倍以上であり[13]、深刻な経済的困窮に陥

12　厚生労働省子ども家庭局家庭福祉課（2021）「社会的養育の推進に向けて（令和3年5月）」https://www.mhlw.go.jp/content/000833294.pdf（アクセス日：2021年10月26日）
13　永野咲（2017）『社会的養護のもとで育つ若者の「ライフチャンス」——選択肢とつながりの保障、「生の不安定さ」からの解放を求めて』明石書店

図3-7　社会的養護の環状島にある〈重力〉

る割合も非常に高くなっています。こうした生活の困難さが、より一層「声をあげる」エネルギーを削ぎ、〈重力〉を重くしているのではないでしょうか（図3-7）。

（2）環状島がない！──知られていないこととスティグマ

　ここまで〈重力〉について考えてきましたが、立ち返れば、社会的養護の環状島は、そこにはっきりある／あったのでしょうか。そもそも、社会のなかにおいて、社会的養護の「本当」はあまり知られていません（図3-8）。

　たとえば、社会的養護に向けられるスティグマの問題がそれを裏付けています。田中理絵さんは、児童養護施設の「本当」が知られていないために、社会の作られたイメージが子どもたちに向けられ、子どもたちもその眼差しのなかで、社会のなかでの自分たちの「立ち位置」──「かわいそうで、親のようになる人たち」といったイメージを取り込んでいくことを指摘しています[14]。そして、社会的養護を必要とし

14　田中理絵（2004）『家族崩壊と子どものスティグマ──家族崩壊後の子どもの社会化研究』九州大学出版会

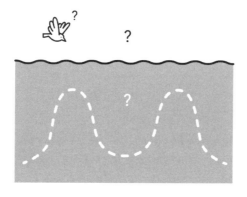

図3-8　知られていない社会的養護の環状島

た家庭の状況や経緯による傷つきよりも、「ステレオタイプ的な負の烙印、つまりスティグマの付与過程は、場合によっては、家庭崩壊そのものよりも子どものパーソナリティの形成に対して深刻な影響を及ぼす問題となりうる」と指摘しています。

　世間に流布されているような「イメージ」の社会的養護ではなく、「真の」社会的養護の環状島が、はっきり存在しなかったことも、当事者参画をより困難なものにしていたのではないでしょうか。

　(3)　高い〈水位〉──「声」をあげにくく、認められにくく、不平等な当事者性
　こうした「そもそも知られていないこと」と「正しく知られていないこと」は、環状島の〈水位〉を高くしていきます。
　宮地さんによれば、環状島の〈水位〉は、トラウマに対する社会の否認や無理解の程度を意味します。「被害者が声をあげやすく、責められたり疑われたりせず耳を傾けてもらえる、きちんと受けとめてもらったり支援してもらえる場合は、〈水位〉が低いといえる。〈水位〉が低ければ、〈内海〉は狭くなるし、〈斜面〉の裾野も広くなる（2007:

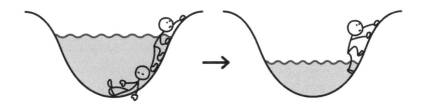

図3-9　〈水位〉が変わると…

32）」とあります（図3-9）。

1）「声」をあげにくい社会からの眼差し

　では、社会的養護に対する〈水位〉は、「被害者（当事者）が「声」をあげやすい」位置にあるのでしょうか。内田龍史さんは、「隠され、時に同情され、あるいは偏見・差別の対象ともなりうる施設・施設経験生活者／経験者にとって、自らの社会的アイデンティティのひとつを構成する施設経験は、施設経験生活者／経験者であることをカムアウトする際に問題としてたちはだかる（2011: 158-177）」と指摘しています[15]。社会的養護のもとでの生活を経験した人たちに対する社会からの眼差しが厳しい（〈水位〉が高い）ものであれば、境遇や当事者であることの〈隠蔽〉を選択せざるを得ない場合もあります。しかし、そのことは同時に「なぜこんなにしてまで誤魔化さないといけないのか」という疑問や苦しみ、葛藤、暴露への不安を抱えることにもなり

15　内田龍史（2011）「児童養護施設生活者／経験者のアイデンティティ問題」西田芳正編著『児童養護施設と社会的排除——家族依存社会の臨界』解放出版社

ます。

2) 疑われる・責められる

　さらには、社会的養護の問題は「責められたり疑われたりせず耳を
傾けてもらえる」ような〈水位〉でしょうか。たとえば、年齢要件に
よって社会的養護を措置解除となった人たちは、制度から「解除」さ
れているので社会的養護の「当事者ではない」という「当事者性」へ
の疑い（剝奪）は依然として聞かれます。当然ながら、措置を解除さ
れた若者たちもケアを受けた経験をもつ「当事者」です。しかし、
「あなたは子どもでないので、もう本当の当事者ではない」と当事者
性を疑われれば、環状島にいることすら困難にします。

　また、ケアの受け手であった時期が子ども期であることに起因して、
発言を「責められたり、疑われる」こともあるのではないでしょうか。
たとえば、子ども・若者が社会的養護の改善を訴えても、「子ども
（だった人）には分からない」「わがままである」「感謝すべきである」
などというパワーの強い側（おとなや社会）からの否定（第2章で登場し
たアダルティズム）は、〈尾根〉の上に上がろうとする当事者たちの感
情自体を否定し、足かせとなります。

　このような社会的養護の環状島の〈重力〉や〈水位〉の高さが、当
事者が〈尾根〉へ向かうことを阻み、当事者の「声」を奪ってきたの
ではないでしょうか。「声」をあげようとする若者たちは、それまで
の環境を生き延びて、自分の気持ちと向き合い、「誰かが聞いてくれ
るかもしれない」という他者への信頼感や希望や「自分が『声』を出
していい」と思える気持ちを獲得し、かつ発言するための力をたくわ
え、なんとかようやく〈尾根〉へ上がってきたという道のりを理解す
る必要があります。

（4）吹き荒れる〈風〉——〈外斜面・外海〉からの〈強風〉

　環状島の上空にはいつも強い〈風〉が吹き荒れています。宮地さんによれば、環状島の「〈風〉とは、トラウマを受けた人と周囲の人との間でまきおこる対人関係の混乱や葛藤などの力動のこと（2007: 28）」です。そのなかでも、当事者間に吹く〈風〉に「障害や症状やトラウマの『重さ比べ』がある（2007: 28）」ことを指摘しています。

　社会的養護のもとで育ったといっても、一つひとつの家庭が異なるように、一つひとつの施設、あるいは養育形態は、それぞれの「子ども時代」の経験を多様にします。また、いつ保護されたか、どのくらい長く社会的養護にいたか、家族とのかかわりが続いていたかなど、社会的養護のもとでも経験の多様さがあり、子ども・若者・当事者の間にさまざまな葛藤を引き起こさせることもあります。たとえば、家庭再統合した自分は「ずっと施設」の子どもたちに比べてつらいと言ってはいけない、「里親」で暮らしていたので「施設育ち」と一緒にされたくない、などと考えてしまうことがあります。こうした当事者同士での「重さ比べ」は、「社会的養護で育った」という点で連帯することを難しくさせます。こうした「重さ比べ」が、当事者参画に吹く〈風〉となります。

　また、当事者活動の萌芽期には、当事者同士の「重さ比べ」だけでなく、外部からの「当事者比べ」がしばしば行われ、そのたびに当事者間に〈風〉が吹き荒れました。外野の人たちは、当事者団体間を比べては、「あの団体のようにやるべきだ」といった優劣をつけ、当事者団体間に無用な緊張感を生んだのです。「当事者同士が対立する時ほどつらい時はない」というのは、当時、前線で活動していた当事者の言葉です。当事者以外（〈外斜面・外海〉）からの対立を煽るような〈風〉が吹けば、〈尾根〉に立ち続けることを困難にします（図3-10）。

　米国で社会的養護の当事者として活動してきた若者が、自分自身の

図3-10 〈内斜面〉に外野からの「無用な〈風〉」が吹く

ことを語る際には、「かわいそうさを売らない」という大前提がある
ことを教えてくれました。自分自身を「かわいそうな人」として扱う
場で語り続けると、「かわいそうな人」としての自分を強化すること
になるというのです。そうした意味では、近年行われている当事者同
士の語りを競わせる商品や賞金のかかったコンテストのようなものは、
より一層当事者間に不自然で無用な〈風〉を吹かせることになり、そ
の罪は大きいといえます。

　また、若者たちを「支援したい」と思うおとなたちが、自分たちの
事業や支援を大きくするために、当事者に語らせ、賛同する意見を言
わせることは、よくある光景にも思えます。「当事者参画」のアリバ
イやポーズを取る必要に迫られて、準備のできていない望まない当事
者に発言させることもあるかもしれません。こうした当事者の消費は、
当事者の「声」のトークン化と呼ばれます。こうした語らせ方は、当
事者を都合よく利用するもので、ようやく「声」をあげた当事者の真
の「声」を奪い、消耗させていきます。

4. 環状島の〈尾根〉にともに立つ

(1) 安全に語るということ——私のストーリーは私のもの

　これまでみてきたように、社会的養護の環状島の〈尾根〉へ登り、自身の「声」を叫ぶには、いくつもの難関があることが分かります。

　こうした難関を安全にくぐっていくための一つのツールとして、米国の連邦レベルで活動する当事者団体などによって、ストラテジック・シェアリング（Strategic Sharing）という方法が示されています[16]。「ストラテジック・シェアリング」は直訳すると「計画的な（ストーリーの）共有」という意味になり、自分のストーリーを目的に合わせて安全に語ることを学ぶ方法で、具体的なトレーニングを含んでいます。米国の当事者参画の30年を超える積み重ねのなかで、培われてきたスキルといえるでしょう。

　このトレーニングの重要な点は、自身の経験を話そう・共有しようとする当事者ユースたちが「私のストーリーは私のもの」であるという感覚を持てるようになることにあります。話したくないことは話さなくてよい、何をどこまで話すかは、自分の安全性と相談しながら決めていくことができることを伝え、一つずつ決定し練習します。そして、目的や聞き手のニーズに応じて、自身のエピソードなどを効果的に用いて、相手の変革を促していくのです。

　当事者活動の萌芽期（2000年代）の日本には、このような考えは全く存在しておらず、期待に応えようと自分の経験を話し過ぎてしまったり、十分に扱うことのできないトラウマについて話すことでしんどさを抱えてしまう当事者の仲間たちを多く見てきました。自身のストーリーを話すことは、変革の大きなエネルギーを持つと同時に、リ

16　Foster Care Alumni of America・Casey Family Programs『Strategic Sharing』

スクも内包するのです。

　今、日本でもIFCAが許可と翻訳権を得て、日本の実情に合わせるようユースの手で工夫を加えながら、普及に向けた活動を行っています[*17]。

　ストラテジック・シェアリングには、当事者自身だけでなく、依頼する側や聴き手に対するトレーニングも含んでいます。たとえば、依頼する際には、当事者になぜ語ってほしいか伝えること、当事者が十分な準備ができるよう十分な時間を確保することを心がけること、当事者の語りたいことを尊重すること、当事者の語りを編集したり捻じ曲げたりしないこと、当事者の語りがどこでどのように使われるのか開示すること、好奇心を満たすための深掘りをしないこと、当事者に対しても専門家に対して示す敬意や感謝と同様の態度を示すことなどが明記されています。

　当事者の若者たちは、あくまでも、社会的養護の専門家として、自分の経験を効果的に伝え、改革に動いてもらうために「声」をあげています。ただし、それは彼らに課せられた義務ではありません。語ろうとする当事者自身が、ストーリーを語る過程や目的といったすべてに対して、自分でコントロールしているという感覚を持ち、語らされているのではなく、目的のために望んで語っているという感覚を持てているか、振り返ってみる必要があります。そして、「声」をあげるまでのこと、「声」をあげた意味をしっかりと受けとめることが重要です。

---

17 International Foster Care Alliance（2015）『ストラテジック・シェアリング──Strategic Sharing』

（2）当事者と支援者のポジショナリティ
──当事者と支援者の永続的なつながり─パーマネンシー・パクトの取り組み

　宮地さんによると環状島の〈尾根〉は、〈内海〉から登ってきた当事者と、〈外海〉からやってきた支援者（非当事者）とが出会う場所でもあります。さらに、この場所について以下のように述べられています。

> 　注目しておくべきことは、〈外斜面〉の人間は「味方」ではあるけれども、「内側」の人間ではない、「当事者」ではないということである。（中略）あくまでも〈尾根〉より外は「非当事者」であり、「よそ者」である。つまり、「仲間」と「味方」は似ているようだが、「内側」と「外側」という意味では決定的な違いを持っている。
>
> 　このように、内／外という分類と、味方／敵という分類がずれを起こす部分に、〈外斜面〉の人たち＝「味方」である支援者は位置している（2007: 96-97）。
>
> 　「よそ者」だけれど「味方」という立場にあること、それが〈外斜面〉に立つということであり、支援者の特徴であるということを、支援者自身も当事者も認識しておくことで、こういった不幸な例（ずれからくる混乱や傷つき）がかなり減るのではないだろうか（2007: 97、括弧内は筆者加筆）。

　こうしたポジショナリティの違いは、特に具体的なサポートを必要とする当事者の若者たちと支援者との間に期待や限界、行き違いなどの軋轢を生む可能性があります。

　先にも述べたように、社会的養護を措置解除となった若者の生活は困難な状況に追いやられてしまうことが少なくありません。当事者として活動をしたいと考えているユースたちであっても、私たちの誰もがそうであったように、信頼できるおとなとの永続的なかかわりが不可欠です。

その必要性に反して、社会的養護のもとで育った若者には、往々にして信頼できるおとなとの生涯をつうじた「親族のような」かかわりが欠如しています。保護によって元の家族とも分離を経験しますが、社会的養護のもとで出会った養育者やソーシャルワーカーとのかかわりも途切れ途切れになれば、自分の前にいるおとなは常に「仕事」であり、「期間限定」の関係性となります。

　こうした状況が自立を困難にしているとして、2007年、米国の連邦レベルで活動する当事者団体フォスタークラブ（FosterClub）がパーマネンシー・パクト（Permanency Pact）と呼ばれるツールを作成しました*18。このパーマネンシー・パクトとは、社会的養護のもとで育つ若者と若者自らが選んだ信頼できるおとな（サポーティブ・アダルトと呼びます）がそれぞれの立場を明確にし、ニーズとサポートの意思を確認し、「パクト（約束）」を結ぶためのツールです。

　それまでの養育者に限らないサポーティブ・アダルトが、ユースが必要とし、かつサポーティブ・アダルトが「できる範囲」でのかかわりを、業務や職責ではなく一個人として表明します。これまでおとなとの「約束」が反故にされ続けた経験をもつユースが多いなかで、自分とかかわりつづけるという「約束」を結ぶことは大きな意味を持つのです。

　日本でも、措置解除後に頼れるおとなが必要であるという状況は共通です。「頼りたいと思っても頼れない・頼るのが得意ではない」「お願いして申し訳ないと思う」というユースの感情や後ろめたさに対して、パーマネンシー・パクトを使って、事前に必要なサポートと、サポーティブ・アダルトがサポートできる／できないことを明確にしておくことで、躊躇を減らし、お互いの期待の離齬や「暗黙の了解」の

---

18 FosterClub（2006）『Permanency Pact』

読み違えを防ぐことができると考えられます。業務を超えた人と人としての「約束」という点は、馴染みのない面があるかもしれませんが、自分の周囲に付き合い続けられる信頼できるおとながいるという感覚を持てることが大きな安心になるといわれています。この「サポーティブ・アダルト」は、すでに出会っているおとなからユース自身が選ぶものです。部活動を通じて知り合った友人の両親、学校教員、週末里親、習い事の先生、ボランティア活動を通じて出会った人たち、など社会的養護に関連する専門職以外であることが多いでしょう。逆にいうと、社会的養護で育つ間にどれほど専門職以外と良い出会いをする機会が持てるか、そうした環境が用意されているかという点が問われるものでもあります。

　IFCAでは、日本版のパーマネンシー・パクトの作成に取り組んできました[19]。2018年には、日本の社会的養護のもとで育ったユース22名と米国ユース7名とが集まり、フォーカスグループインタビューを実施し、以下のような日本版の支援リストの案を作成しています（図3-11）。今後、ユースを主体に試行を繰り返しながら、完成を目指す予定です。ただし、パーマネンシー・パクトの取り組みは、公的なアフターケアや自立支援の取り組みを基盤にするものであり、公的な支援を代替・後退させるものではないことも付言しておきます。

---

19 International Foster Care Alliance（2019）『ユースとサポーティブ・アダルトの生涯をつうじた、家族のようなつながり　パーマネンシー・パクト——児童養護施設や里親家庭で育つ若者たちのパーマネンシーを築くためのツール』

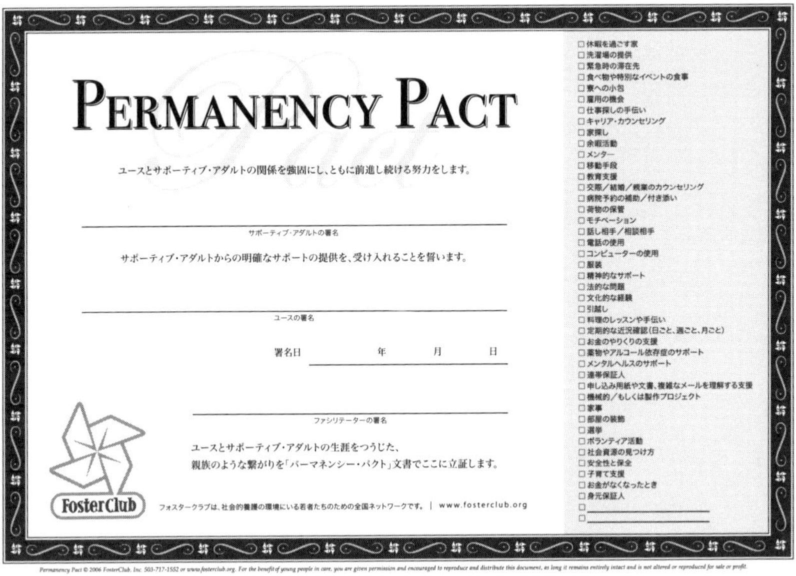

PERMANENCY PACT

ユースとサポーティブ・アダルトの関係を強固にし、ともに前進し続ける努力をします。

サポーティブ・アダルトの署名

サポーティブ・アダルトからの明確なサポートの提供を、受け入れることを誓います。

ユースの署名

署名日　年　月　日

ファシリテーターの署名

ユースとサポーティブ・アダルトの生涯をつうじた、
親族のような繋がりを「パーマネンシー・パクト」文書でここに立証します。

FosterClub

フォスタークラブは、社会的養護の環境にいる若者たちのための全国ネットワークです。 | www.fosterclub.org

- □ 休暇を過ごす家
- □ 洗濯場の提供
- □ 緊急時の滞在先
- □ 食べ物や特別なイベントの食事
- □ 寮への小包
- □ 雇用の機会
- □ 仕事探しの手伝い
- □ キャリア・カウンセリング
- □ 家探し
- □ 余暇活動
- □ メンター
- □ 移動手段
- □ 教育支援
- □ 交際／結婚／親業のカウンセリング
- □ 病院予約の補助／付き添い
- □ 荷物の保管
- □ モチベーション
- □ 話し相手／相談相手
- □ 電話の使用
- □ コンピューターの使用
- □ 服装
- □ 精神的なサポート
- □ 法的な問題
- □ 文化的な経験
- □ 引越し
- □ 料理のレッスンや手伝い
- □ 定期的な近況確認（日ごと、週ごと、月ごと）
- □ お金のやりくりの支援
- □ 薬物やアルコール依存症のサポート
- □ メンタルヘルスのサポート
- □ 連帯保証人
- □ 申し込み用紙や文書、複雑なメールを理解する支援
- □ 機械的／もしくは製作プロジェクト
- □ 家事
- □ 部屋の装飾
- □ 選挙
- □ ボランティア活動
- □ 社会資源の見つけ方
- □ 安全性と保全
- □ 子育て支援
- □ お金がなくなったとき
- □ 身元保証人
- □ ＿＿＿＿＿＿＿＿
- □ ＿＿＿＿＿＿＿＿

図3-11　FosterClubのパーマネンシー・パクト証書　テンプレート（IFCA 2019）
項目を参考にお互いの意思をすり合わせていく

出典：IFCA（2019）『ユースとサポーティブ・アダルトの生涯をつうじた、家族のようなつながり　パーマネンシー・パクト──児童養護施設や里親家庭で育つ若者たちのパーマネンシーを築くためのツール』

（3）当事者と支援者のパートナーシップ
──共有されたコントロールーユース・アダルト・パートナーシップ

宮地さんの指摘のなかに、このような一節があります。

> 治療者としてであろうと、支援者としてであろうと、研究者、教育者としてであろうと、トラウマ被害者に深く関わるのは、激しい感情をかき立てられることである（2007: 7）。

このように心の安定が奪われやすく、人間関係にも影響がおよぶ中で、燃え尽きず、身体を壊さず（残念ながら比喩でいっているのではな

い）、たんたんとトラウマ被害者と関わりつづけるのはたやすいことではない（2007: 8）。

　被害当事者の苦しみにくらべたら、甘っちょろいと言われるかもしれない。しかし、当事者とはちがって「逃げる」という選択肢がある分、支援者や研究者が関わりつづけること（つまり支援者や研究者としてサバイブしつづけること）はより難しいとも言いうる。そして支援者の消滅は、しばしば当事者のサバイバルの可能性の消滅と直結する（2007: 8）。

　2006年からこれまで、非当事者として、社会的養護の当事者活動を考えてきた筆者にとって、この一節に強くうなずかされました。当事者と支援者は、それぞれのポジショナリティを理解したうえで、どのような関係性を築けばよいのでしょうか。

　ここで示すのは、「Wongのピラミッド・タイプ」（図3-12）です。これは、米国で用いられている若者とおとなの関係性「ユース・アダ

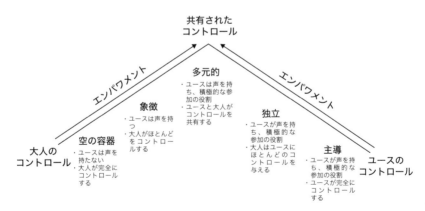

図3-12　共有されたコントロール
Wongのピラミッド・タイプ（Wong's Type Pyramid）

出典：Wong et al. (2010) A Typology of Youth Participation and Empowerment for Child and Adolescent Health Promotion., American Journal of Community Psychology 46: 100-114 筆者訳

ルト・パートナーシップ（Youth-Adult Partnership）」の考えを示すモデルです。おとな（支援者）のコントロールが左端、ユースのコントロールが右端に位置しています。パートナーシップが、左側に近づけば、それだけユースの参画が少ないということになります。どうすれば、パートナーシップのバランスを取ることができるのでしょうか。

この図では、右側になればなるほどユースのコントロールが強くなり、右端の「主導」の状況がユースのコントロールが最も強い状況ですが、ユース・アダルト・パートナーシップでは、それが最良とは考えられていません。第2章では独立アドボカシーでは、おとな（アドボケイト）は、子どもの「声」を届ける「聞き手」であると説明されています。ここでいう、当事者参画、特に当事者とおとなが協働して何かを成し遂げるためのパートナーシップのために目指すべきなのは、中央・頂点にあるユースとおとながコントロールを平等に共有している状況であるといわれています。

たとえば、フォスタークラブでは、当事者とおとなのより良いパートナーシップのために、以下のような事例から、コントロールを考えるトレーニングが行われています。内容を日本の状況に合わせて編集してみました。この事例で、ユースとおとなのコントロールはどのようなバランスになっているでしょうか？

事例1　あるユースに「議会へ出て、新しい法律を支持していると証言してほしい」と依頼がありました。
　ユースがその法案がどういうものか尋ねても、そのおとなは「そういうことは心配しないで、ただ社会的養護の経験を話してくれればいい」とユースに言います。そして、「あなたの語るストーリーが悲しいほど、議員に法案を支持させるのに役立つんだよ」と伝えました。

　そのユースは、議会のメンバーの前で自分の話ができることに、非常にエキサイトしています。

　この事例の関係性に違和感はありますか？　この事例では、ユースはおとなが成立を望む法律の後押しをするための口実として「使われて」います。この法律がどういうものかも説明されておらず、「お飾り」のためのスピーチだと想像することができます。また、同情を集めるためだけに経験を話させることは、当事者の参画ではありません。
　もう一つの事例はどうでしょうか？

　事例2　あるユースが、地元の社会的養護の支援団体から、写真撮影会に参加するよう依頼されました。その日はとても楽しい1日でした。ユースはドレスアップさせてもらい、友人グループと一緒に写真を撮影しました。彼らはピザをご馳走してもらい、その上2500円のギフトカードももらいました。
　しかし、翌月、そのユースは、自分たちの写真が、社会的養護と買春の問題について話し合うイベントのポスターに使われているのを見つけました。その写真は、彼女が買春に関与していたように見え、そのユースは恥ずかしい思いをしました。

　一見、「手厚くもてなされた」ユースは、写真の撮影に応じますが、撮られた写真がどこでどのように使用されるか説明を受けていません。いくら、当事者本人が（当初）乗り気であっても、目的や決定をコントロールができていない関係性ではパートナーシップとはいえません。

　事例3　あるユースチームが、専門家から学会のワークショップでのスピーチを依頼されました。そのユースチームには、関心の

ある人もない人もいました。

　そのため、依頼主である専門家は、興味のあるユースに向けて、ワークショップの概要を説明しました。そして、ユースの個人的なストーリーも、必要に応じてスピーチに自由に追加することができることを説明しました。

　学会の前には、ユースがリハーサルを行う時間を設けました。

　この事例3では、専門家（おとな）はユースへ依頼する際に、本人たちの関心に応じて説明を行っています。また、発表の意図を伝え、内容の決定はユースができることも説明しています。さらに、発表の前にはリハーサルをする時間を設けています。

　「Wongのピラミッド・タイプ」の頂点にある「共有されたコントロール」にたどり着くためには、両端（おとなとユース）がそれぞれエンパワメントされることが必要です。つまり、おとなが力を持つだけでなく、若者たちがエンパワメントされ、動機が高まることで、専門家と平等な立場となっていくということでもあります。ユースの参画を望む場合には、彼らこそ社会的養護の経験をもったプロフェッショナルとして、専門家と平等に扱うことが大切であることが示されています。

5. 「声」が変えていくもの
──当事者参画とユースアドボカシー

　宮地さんは、社会に対する活動において、環状島の「〈重力〉に抗し、〈風〉に抗し、〈水位〉を下げる。（中略）運動において、いちばん重要なことは、〈重力〉や〈風〉といった内向き外向きの力に抗して、当事者や非当事者が島の上に立ちつづけ、発言しつづけることである。

そして、そういう人たちを増やすことである（2007: 34）」と指摘しています。

　社会的養護の環状島の上でも、「声」をあげる若者たちが増えてきました。こうした「声」は何を変えていくのでしょうか？

(1) 社会的養護の本当を知らせること──環状島を浮き上がらせる

　前述の田中さんは、児童養護施設で暮らすことのスティグマについて検討するなかで、「〈公開〉という自己呈示の方法を選択する理由の一つとして、偏見を改めさせようという意図がある。（中略）差別的扱いを受けるのは、一般の人びとがその社会的カテゴリーの実態に関して無知であるためであり、したがって、偏見を助長する〈隠蔽〉という方法ではなく、認識を訂正させる〈公表〉という方法を積極的にとる（2004: 145）」と説明しています。

　これは、自分の境遇や経験を公表し、語ることで、社会的養護の「本当」を知らせようとするものです。こうした「声」は、社会的養護の環状島を、真の形で浮き上がらせ、〈内海〉から登ってきた道のりや景色をはっきりと知らせることになります。

(2) 社会的養護と社会との格差をなくす
──〈水位〉を下げ、〈内海〉から出やすくする

　はっきりと社会的養護の環状島が知らされ、「本当」の状況がみえ、問題が浮き彫りになっていきます。当事者の「声」は、こうして分かってきた問題の解決に向けて発され、社会を変えていきます。

　たとえば、米国ワシントン州では、当事者からの提言によって新しい制度ができています。そのプロセスにおいて、当事者の参画が州の公的機関を含めた複数の箇所で行われています。当事者の「声」を聴くことの重要性が認識され、システムのなかで確実に当事者が参画す

る制度的な仕組みが用意されているのです。そして、当事者が真に必要とする制度がスピード感をもって生まれています。

　前述した米国カリフォルニア州で活動するCYCは、年間のユースアドボカシーの計画を持っています。この体系化されたプロセスのなかで、当事者ユースが、その年に改善すべき制度を選び、さらには具体的な改善策の提案を作成していきます。そして、その年の集大成「州議会の日（DAY at the CAPITAL）」を迎えます。当日は、カリフォルニア州全体から、120人を超える当事者ユースが州都に集まり、3日間かけてユースからユースへ、アドボカシーのスキルに関するトレーニングが行われます。最終日には、州議会でのスピーチや議員への陳情を行い、制度の改善をダイレクトに求めます。CYCは、議会にユースの「声」を直接届けることで、多くの法律・制度を変えてきました。その数は30年間で20を数えます。当事者によるユースアドボカシーが制度を変え、社会との格差をなくそうとしています。

（3）社会的養護を「選択肢」にする——環状島をなだらかな丘にする

　宮地さんは、「〈内海〉や〈外海〉の〈水位〉は社会のあり方によって大きく変わり、〈水位〉が下がれば〈波打ち際〉は〈陸地〉となり、その問題について語ることのできる者が増える（2007: 17）」と述べています。

　当事者参画は、社会的養護の環状島をくっきりと浮き上がらせ、実態を明らかにし、環状島の内と外にある格差をなくしていきます。さらにその先には、社会的養護の環状島の形を変えていくのではないかと考えています。それは、多くの人が生き延びていけるよう〈内海〉を浅く、また環状島へ上がりやすくなるよう島の傾斜をゆるやかにし「丘」のようにしていくのだろうと思います。そうなっていくと、家族がしんどい時、家庭が安全ではない時、浅い〈内海〉をじゃぶじゃ

図3-13　なだらかな「丘」になり、行き来しやすくなった環状島

ぶと渡って、社会的養護の環状島へやってくることができます。そして丘へ登って、休憩したり、同じようにやってきた仲間たちと過ごすことができます（図3-13）。

　社会的養護で過ごすことが、一つの自然な選択肢となるためには、社会的養護の環状島が断崖絶壁の環状島でなく、なだらかな丘のような社会的養護の環状島である必要があります（図0-5 ⇒23頁）。

　このような社会的養護の環状島にしていくには、まずは、現状を変えるために「声」をあげようとする当事者の若者たちを支え、〈尾根〉の上からの叫びをしっかりと受け止めることだろうと思います（図3-1 ⇒96頁）。

（4）当事者に対するメッセージ──〈内海〉に響く「声」

　こうした若者たちの〈尾根〉から発せられた「声」は、今まさに〈内海〉のなかでもがいている仲間たちにも響くでしょう。

　宮地さんは、著書の「最後に」で「すべての証言は代弁で（も）ある。つまり、証言は証言そのものとして尊重され深く受けとめられるべきであるとともに、より内側にいる犠牲者の代弁としても理解され深く受けとめられるべきである。声をあげつづける人たちへの敬意と、声をあげられない人たちへの想像は両立するはずである（2007: 214）」

と述べています。

　〈内海〉をどう這い出て生き延びてきたか、どのように自分の気持ちを伝えたらいいか。〈内斜面〉にはたくさんの仲間たちがいるし、〈外斜面〉には支えてくれる人たちもいる。自分たちの人生を生きて、もし叫びたくなったら、一緒に叫ぶことができる。そうした自分たちの叫びが、社会的養護をよりよく変えていくことができる…こうした力強いメッセージが、いま〈波打ち際〉から這い上がろうとする若者たちの希望となるのではないでしょうか。

この章のまとめ

1.　人生への参画と社会への参画

　子どもであることで、自分の人生を大きく左右する保護や社会的養護に関する決定に参画できない状況があります。自分の人生がどうなっていくのか、子どもにも知り、自分の人生に参画する権利があります。

　そして、自分のケアに参画できる時期を過ぎても、社会に向かって「声」をあげ参画しようとするユースアドボカシー（システムアドボカシー）と呼ばれる営みがあります。

2.　社会的養護のもとで育った子ども・若者が「声」をあげるということ

　ただし、社会的養護のもとで育った子ども・若者が「声」をあげるまでの道のりは、時として険しいものです。それは、幼少期に「声」を聴かれなかった経験、「声」をあげたことで起きた悪い出来事、おとなへの不信感、社会的養護に対する社会の差別的な眼差しなどによって生じています。

　「声」をあげようと思えるようになるまで、そして「声」をあげるまでには、安全な環境や他者への信頼感を取り戻していくことなど、多くのパワーを溜めることが必要なのです。

3.　安全で効果的な参画のために

　さらに、当事者として「声」をあげることは、大きなエネルギーを持つと同時に、まだ準備ができていないことまで話してしまったり、意図していないことが広まってしまう…などの危険性もあります。

安全で効果的な参画のために、当事者と周囲の人々の両方に向けたトレーニングなどの取り組みがあります。

4.「真」の当事者参画のためのパートナーシップ

　当事者と支援者（非当事者）には多くの場合、パワーバランスや経験の不均衡があります。ポジショナリティや関係性のあり方について立ち止まって考え、パートナーシップでともに社会をより良くしていきましょう。

会議や検討会への当事者参画

永野 咲

　会議や審議会のような場への当事者の参画がすすめられようとしています。こうした当事者参画の取り組みは非常に大切なものですが、「真の」参画のためには、当事者が参加しやすい方法で行う必要があります。当事者の参画は、協働するために必要なことで、当事者に何かを「教える」ためのものではありません。会議や審議会に出席する、他の参加者と払う敬意と同様に当事者の若者たちが希望する方法を検討する必要があります。

　また、本文で指摘してきたように、時として当事者（若者）とおとなの間には、会議への参加経験やパワーバランスの差が存在します。そのため、対等な立場で協働するためには、具体的に以下のような点をチェックしてみる必要があります。

・参加の手段をサポートする：当事者ユースの参画のためには、若者たちの参加を具体的にサポートすることが必要です。地域や個人の状況によっては、会場への交通手段のサポートが必要なこともあります。

・活動内容に見合った報酬を支払う：特に、他の参加者に報酬が支払われている場合は、当事者にも当然報酬を支払うべきです。

・誰もが理解できる言葉を使う：会議で使用する資料や言葉は、全

員が理解できる言葉であるか確認しましょう。時として、支援者や専門家は、一般的ではない専門用語や短縮した用語を使いがちです。専門性を示す難しい言葉ではなく、全員が理解できる言葉を使用しましょう。

- 会議の目的を全員が理解する：会議の内容や目的、参加するメンバーの関係性を明確にしましょう。何のために集められているのか、共通理解できるようすすめなければなりません。
- 何を決定できるのか明示する：この協働がどこまでの決定権をもっているのか、全員が理解していなければなりません。会議の目的や決定できる範囲を明確に示すことで、後々の揉め事を減らし、参加の希望を事前に確認することができます。
- 若者とおとなの人数は同じであるか：本来は、当事者とおとなの人数は同じであることが望まれます。同数とならなくても、若者が複数で参加できたり、グループで意見を確認できる機会が必要です。

参考：永野咲・相澤仁（2020）「JaSPCANは、当事者ユースとどのように協働すべきか」『子どもの虐待とネグレクト』22（2）、183〜193頁

おわりに　モヤモヤとこれから
〜「わきまえる」を求める社会に抵抗するために

アドボカシーってなんだろう？

オンブズマンとの違いは？

子ども若者の政策への参画はどうあるべきなの？

なぜ社会的養護を必要とする子どもたちから制度化されるの？

なぜ子どもたちは語りにくい環境にあるの？

等々の疑問に答えるべく、本書の執筆をすすめてきました。環状島というサバイバルマップを用いながら説明してきましたが、皆さんの質問に直球で答えるハウツー本というよりかは、よりモヤモヤを深めるものになっているかもしれません。子どもの「声」を聴く、その先は、読者の皆さんを含めた私たちがつくっていくものでもあります。ぜひ忌憚_{きたん}のないご意見・ご批判をいただければありがたいです。そして、これからも、ともに考えていくことができたらうれしいです。

　子どもの「声」を大切にする社会を実現するうえで、本書で取り上げた子どもの権利、アドボカシー、当事者参画を社会の状況に照らし合わせながら丁寧に説明することに紙面を割いたのは、以下のような私たち自身の懸念があるからです。

(1) 子どもの権利のモヤモヤとこれから

　日本社会では、子どもの権利という言葉はほとんど知られていません。一方で、社会的養護を含む子どもの福祉の世界では、「子どもの権利のために」「子どもの権利擁護」という言葉をよく耳にします。でも、それは血の通った言葉でなく、標語のような印象を受ける時があります。具体的に何をどうすることが子どもの権利を保障することになるのか、そしてそれをどう具体的に実現するのかは、ぼんやりとしているのです。子どもの権利を「擁護」することと、「保障」することも混在して使用されており、モヤモヤします。子どもを守るという保護的な子ども観は根深くあるように思います。子どもには守られる権利があるので間違ってはいないのですが、アドボカシーや当事者参画は、こうした子ども観とは異なる子ども観を必要とするのではないでしょうか。

　これからに向けて、私たちは、子どもの権利という考えをまず知ること、そしてそれを生活の言葉にしていくことが求められるのではないでしょうか。子どもの権利は、子どもが本来どう大切にされるべきかの基準を示しています。一人ひとりの子どもにとって、何が充足し、不足しているのか、おとなの努力で改善できることか、おとなを支える社会制度の不備なのか…。子どもの生活と子どもの生きる社会の状況に照らして日常的にとらえていく時に活用できます。権利は資源（社会制度や社会資源、時間やお金、人間関係）を要求します。子どもとおとなの葛藤は、資源がないなかでの修羅場であることも少なくありません。子どもの「声」を聴き、権利を保障するには、社会のなかでおとなも支えられる必要があるのです。

長瀬　正子

（2）子どもアドボカシーのモヤモヤとこれから

2019年の児童虐待死事件を機に、注目され制度化が検討されるようなった「子どもアドボカシー」。

社会福祉全般でみると2000年の社会福祉基礎構造改革以降、アドボカシーが権利擁護と訳されるようになって一般的に使う言葉でしたが、ようやくここにきて児童福祉のほうでもアドボカシーが知られてきたことは喜ばしいことです。一方で、実際にどうしていくことが「アドボカシー」を実践していくことなのか、その実態はまだ理解が深まっていない概念です。

アドボカシーという概念が広がるにつれて、アドボカシーの目的がおとなの意図にすり替わってしまう危険も感じるようになりました。アドボケイトが関わり、子どもが自分自身で自己主張の術を学ぶのだという「教育目的」に回収される場面をみてきました。また、逆に子どもがアドボケイトに頼ってしまって、話せなくなったとしたら自立を阻害するので不要だと言われることもあります。結果的に自己主張の術を学ぶ機会になることはありますが、それが目的ではないと思います。

また、これまでの支援の延長のように、子どもの「声」を聞き取り、おとなだけの会議で検討するといった、「ニーズ聞き取り」の代用としてアドボケイトをとらえている人もいます。特に児童福祉の現場は慢性的な人手不足であるため、下請け的な使われ方が流布していく可能性もあります。

子どもの「声」をめぐって、なぜこのように、アドボカシーの意味づけが変わってくるのでしょうか。ジェンキンスさん*が述べるよう

---

* Jenkins, P. (1995) Advocacy and the UN Convention on the Rights of the Child, J. Dalrymple and J.Hough, eds, Having a Voice, An exploration of children's rights and advocacy, Venture Press, 31-52.

に、子ども観の違いは、守られる存在という意味での受動的子ども観であれば「受動的アドボカシー」になり、子どもが権利行使主体であり、市民ととらえた子ども観だと会議への参画といった「積極的アドボカシー」となります。つまり、子ども観によってアドボカシーの目的も方法も変わるのです。私たちは守られる存在だけではない、権利主体であり市民としての子ども観に立つ、アドボカシーが必要だと思っています。

　2019年に来日したイギリスの子どもアドボカシー研究の第一人者であるジェーン・ダリンプルさんは「独立アドボケイトには、他の優先課題はありません。独立アドボケイトは子どものためだけに存在します―調査のためでも、自分の意見を持つためでもなく、子どもが意見を言えるようにし、自分の生活をコントロールできるようにするために存在するのです」と語りました。おとなたちによって子どもの自己決定を奪われてきたことを取り戻す目的のために、アドボケイトは活動するのです。「教育目的」でも、おとなが設定したニーズを聴く聞き取り屋でもないことを改めて強調しておきたいです。

栄留　里美

(3)　当事者参画のモヤモヤとこれから

　社会的養護の領域で当事者参画に関わってきた側からも「モヤモヤ」があります。そもそも子どもたち・元子どもたちに「気持ち」や「声」は必ずあるはずなのに、それを表明しようとすると、どうしてこんなにも大きな抵抗にあうのかということです。

　子どもは嘘をつく？―もしもそれが嘘だとしたら、どうして嘘をつかなければいけなかったのでしょうか。

　子どもは都合のいいことしか言わない？―それは私たちも同じではないでしょうか。

　意見を表明することがいいことなのか？―こうしたメッセージは、ようやくの思いで意見を表明した人への否定的なメッセージになるのではないでしょうか。

　自分の人生に対して意見を言うこと、自分の経験をもとに社会を変えようと参画することは、本来、すべての中心にあるはずです。私たちは、まず子どもたち・元子どもたちに必ず「声」があるということを知り、そしてあげられた「声」を疑わないこと、というシンプルなことから始めなければなりません。そして、私たちはその「声」を聴き続ける人でありたいと思います。

　当事者の参画は、おとなや社会にとって脅威ではありません。社会的養護を経験した子どもや若者は、ともに（子ども自身の）ケアやプラン、将来の制度をより良いものに変えていくパートナーであるはずです。

永野　咲

（4）＃わきまえない

　本書を手に取るのは、子ども若者の「声」を聴こうとする方々だと思います。環状島をめぐって振り返ると、まだまだ〈水位〉が高い社会である現在、子ども若者と当事者参画を推進する私たち自身も溺れそうになるような現実があります。

　本書をまとめる最終段階の2021年2月。東京五輪・パラリンピック大会組織委員会の森元会長が「女性がたくさん入っている理事会の会議は時間がかかる」といって女性を一括りにし、女性の参画に疑問

を投げかける趣旨の発言をしたことが批難され、辞任に追い込まれました。「女性は語るな、従順でいろ」という趣旨です。それに対してSNS上では「＃わきまえない女」でわきまえることを強要する社会への反発が示されました。ジェンダーによる差別は子ども差別よりもずっと前に議論され、子ども差別よりは認知された社会問題です。にもかかわらず、女性は「語るな」と言うばかりの社会。これではまだまだ認知されていない、子ども若者の参画が遅れるのも当然かもしれません。子どものケアを主に担わされている女性たちが低い地位に置かれていては、子どもの尊厳が守られるはずがないのです。

　しかし、普段であれば見過ごされていたこの発言。辞任を要求する署名活動、メディアやSNSにおける女性たちの発言、海外メディアによる圧力によって、森元会長を辞任に追い込むことができたのには勇気づけられました。私たちは、決してあきらめず、子ども・女性を黙らせる社会にNOを言い続けることが大切なのだと改めて思いました。

　女性や子どもだけではなく、男性だって縦社会の中では黙らされるでしょう。これは決して子ども・若者だけの問題ではないのです。黙らせる社会に対して、あきらめず「声」をあげていく…そんな子どもや、そして子どもたちを応援していく人たちを増やしていく、本書がそのきっかけになっていくことができたらうれしく思います。

　本書は三人の共著です。互いに目指したい社会が共通する三人がともに語り、学び合い、多くの刺激をもらいながら執筆をすすめてきました。最近の政策については、疑問や危険性を含めて意見交換することで、言語化ができました。

　そして、本づくりのプロセスでお世話になった皆さまには、記して感謝の意をお伝えしたいと思います。議論の整理をしてくださったmai worksの中西万依さん、本の内容にコメントをくださった北海道

大学の井出智博さん、子どもの虹情報研修センターの佐藤葵さん、大
分大学学生の大久保天音さん、ありがとうございました。編集を担当
いただいた明石書店の深澤孝之さんには、コンセプトの段階から関わ
っていただきました。ありがとうございました。

栄留 里美

著者紹介

栄留里美（えいどめ・さとみ）

大分大学福祉健康科学部講師。社会福祉士。博士（社会福祉学）
子どもアドボカシー学会副会長。専門はアドボカシー、子ども家庭福祉、ソーシャルワーク。主な著書に『社会的養護児童のアドボカシー──意見表明権の保障を目指して』（明石書店、2015年）、『独立子どもアドボカシーサービスの構築に向けて』（解放出版社、2018年）、『アドボカシーってなに？──施設訪問アドボカシーのはじめかた』（解放出版社、2021年）などがある。

長瀬正子（ながせ・まさこ）

佛教大学社会福祉学部准教授。博士（社会福祉学）
専門は社会的養護・子どもの権利・子どもと家庭の福祉。社会的養護の当事者エンパワメントチームCVV（Children's Views and Voices）およびNPO法人IFCAにかかわる。特に社会的養護で育つ子ども・若者の権利についての研究を行っている。主な著書に『きかせてあなたのきもち 子どもの権利ってしってる？』（ひだまり舎、2021年）、『シリーズ子どもの貧困① 生まれ、育つ基盤』（明石書店、2019年）などがある。

永野 咲（ながの・さき）

武蔵野大学人間科学部准教授。社会福祉士。博士（社会福祉学）
NPO法人IFCA理事長。専門は子どもと家庭の福祉。特に社会的養護を経験した若者たちのその後の把握と当事者の参画にかかわっている。主な著書に『社会的養護のもとで育つ若者の「ライフチャンス」』（明石書店、2017年）、『シリーズ子どもの貧困④ 大人になる・社会をつくる』（明石書店、2020年）、『すき間の子ども、すき間の支援』（明石書店、2021年）などがある。

子どもアドボカシーと当事者参画のモヤモヤとこれから
――子どもの「声」を大切にする社会ってどんなこと?

2021年12月15日　初版第1刷発行
2023年4月1日　初版第2刷発行

著　者	栄　留　里　美	
	長　瀬　正　子	
	永　野　　　咲	
発行者	大　江　道　雅	
発行所	株式会社　明石書店	

〒101-0021　東京都千代田区外神田6-9-5
電　話　　03 (5818) 1171
Ｆ Ａ Ｘ　　03 (5818) 1174
振　替　　00100-7-24505
http://www.akashi.co.jp

装丁　　　清水肇 (prigraphics)
本文イラスト　　　　　吉田葉子
印刷・製本　モリモト印刷株式会社

(定価はカバーに表示してあります)　　　　　　　　ISBN978-4-7503-5307-4

本書の売り上げの一部は、子ども・若者の支援をする団体に寄付されます。

シリーズ 子どもの貧困
【全5巻】

松本伊智朗【シリーズ編集代表】

◎A5判／並製／◎各巻 2,500円

① **生まれ、育つ基盤**
子どもの貧困と家族・社会
松本伊智朗・湯澤直美 [編著]

② **遊び・育ち・経験** 子どもの世界を守る
小西祐馬・川田学 [編著]

③ **教える・学ぶ** 教育に何ができるか
佐々木宏・鳥山まどか [編著]

④ **大人になる・社会をつくる**
若者の貧困と学校・労働・家族
杉田真衣・谷口由希子 [編著]

⑤ **支える・つながる**
地域・自治体・国の役割と社会保障
山野良一・湯澤直美 [編著]

〈価格は本体価格です〉

シリーズ

みんなで育てる家庭養護
里親・ファミリーホーム・養子縁組

相澤仁［編集代表］

これまでの子どものケアワーク中心の個人的養育から、親子の関係調整など多職種・多機関との連携によるソーシャルワーク実践への転換をはかる、里親・ファミリーホームとそれを支援する関係機関に向けた、画期的かつ総合的な研修テキスト。

◎B5判／並製／◎各巻 2,600円

① **家庭養護のしくみと権利擁護**
澁谷昌史、伊藤嘉余子［編］

② **ネットワークによるフォスタリング**
渡邊守、長田淳子［編］

③ **アセスメントと養育・家庭復帰プランニング**
酒井厚、舟橋敬一［編］

④ **中途からの養育・支援の実際**
──子どもの行動の理解と対応
上鹿渡和宏、御園生直美［編］

⑤ **家族支援・自立支援・地域支援と当事者参画**
千賀則史、野口啓示［編］

〈価格は本体価格です〉